犬猿県

絶対に負けられない県が、隣にいる!

矢野新一

ワニブックス
|PLUS|新書

はじめに

たとえば、静岡県と山梨県は、真ん中にある富士山周辺の県境をめぐっていまだに対立しています。「富士山はどっちのものか？」問題は今もなお白黒決着がついておらず、「県境未確定」のままなのです。

たとえば、香川県と愛媛県。四国を代表する都市が高松市なのか松山市なのかは、本人たちはもちろんのこと、世間一般の評価もまだ決着しているように見えません。両県の対立がここまで激しくなったのは、今からわずか百数十年前、香川県と愛媛県が一つの県になってからのこと……。

そのほか本書で取り上げているのは次の「犬猿県」です。

「全国知名度最底辺県」を競い合う栃木県と茨城県。

東京・神奈川に続く「3番手」を争う千葉県と埼玉県。

ある歴史的な出来事から関係が悪いままの岩手県と宮城県。

とにかく間違われる鳥取県と島根県。

かつて隣県どうしで内戦になった熊本県と鹿児島県。

中国地方の覇を「ちゃぶ台返し」で争う広島県と岡山県。

田舎県どうし、とにかくお隣が気になる秋田県と山形県。

過去と現状のギャップがある石川県と福井県。

あまりなじみのない地域の人にとっては、「どっちがどっちかわからない」「どっちもあまり変わらない」「どっちだっていい」と思うかもしれません。

でも、それこそが「犬猿県民」たちが避けたがっていることなのです。

「全然違うということを知ってほしい！　一緒にしないでほしい！」

本書はその悲痛な叫びに応えるためにできました。

絶対に負けられない県が隣にある！

どうしてこんなに気に食わないのか。

それでいて、いつでもライバル意識を持っていて、とにかく気になってしまう――本書ではそのライバル関係の秘密を、歴史的な出来事や習慣、風俗など、さまざまな角度から検証していきます。

きっと、県民の遺伝子レベルにまで染み込んだ「犬猿県」の感情が理解してもらえることと思います。

また、少し視点を変えるという意味で、それぞれの県民がどのような気質を持っているのか、どんな人生観や恋愛観を持っているのかにもスポットライトを当ててみます。我々の長年にわたる調査がお役に立つはずです。

さらに、それぞれの県の特徴が色濃く出た「名物」を紹介して、「名物バトル」を展開しています。「審査員」でもある読者のみなさんには、どっちの勝ちかを判断する材料の一つにしていただけたらと思います。


スポーツ根性マンガでよくあったように、「宿命のライバル」は、実はお互いの最大の理解者であったりもします。競り合うことによって、ともに発展してきた部分も大いにあります。

そんな「犬猿県」たちの愛憎劇をとことんお楽しみいただけると幸いです。

目次

はじめに　3

第1章　栃木 vs 茨城……15

日本国民の誰も興味がない〝北関東ナンバーワン〟争い　16
まとまりのある茨城とバラバラな栃木　18
茨城県民と栃木県民の気質と恋愛観　20
【名物自慢】〝殻にこもる〟栃木県民が大好きな「宇都宮餃子」　23
【名物自慢】コツコツ気質が生んだ「佐野ラーメン」　25
【名物自慢】「カクテルの街」宇都宮の知られざる一面　26
【名物自慢】数々の伝説が残る「水戸納豆」　27
【名物自慢】堅実性がにじみ出た「偕楽園の梅」植林　29

【名物自慢】ソウルドリンク「マックスコーヒー」 30
【名物自慢】「こいのぼりの大きさ」は茨城県民のプライドと比例 31

第2章 千葉 vs 埼玉

千葉 vs 埼玉……33
「1都3県」の最下位をめぐる熾烈な争い 34
温暖な気候が千葉の県民性に 35
〝埼玉都民〟のルーツは武蔵国 37
人口増加レース勝負のポイントは〝地形〟 40
陸の埼玉、空と海の千葉 41
観光資源惨敗で〝じだんだ〟の埼玉 43
埼玉県民と千葉県民の気質と恋愛観 45
埼玉の女性は浮気好き? 48
【名物自慢】和歌山伝来の「野田醤油」 49

【名物自慢】観光地化にやっきの「秩父」 51

第3章 静岡 vs 山梨 …… 53

富士山をめぐる境界線問題 54
一般の人の認識はなぜか静岡県が優位 56
武将への尊敬が対立関係に影響 59
静岡県民と山梨県民の気質と恋愛観 61
【名物自慢】めんどくさがりの「静岡おでん」 64
【名物自慢】移住民増えるも閉鎖的な山梨県民 66

第4章 岩手 vs 宮城 …… 69

対立の原因は伊達藩の〝フライング疑惑〟 70

岩手県民と宮城県民の気質と恋愛観 73
【名物自慢】「巨乳の産地」岩手県 76
【名物自慢】観光客向けに作られた「わんこそば」 77
【名物自慢】逆輸入で広まった「仙台の牛タン」 79
【名物自慢】地元の福の神「仙台四郎」 80

第5章 鳥取 vs 島根 ……83

「どっちがどっち?」から「どっちもどっち」へ 84
過去の合併と新たな合併話 88
鳥取県民と島根県民の気質と恋愛観 90
【名物自慢】スタバ後進県でもコーヒー好きな鳥取県 93
【名物自慢】江戸時代から伝わる「豆腐ちくわ」 94
【名物自慢】神話「因幡の白兎」から名物をねん出!? 96

【名物自慢】京都・金沢と並ぶ菓子どころ・松江 97
【名物自慢】島根・「石見銀山」のコバンザメ商法 98

第6章 熊本 vs 鹿児島

熊本 vs 鹿児島 …… 101
かつては九州の中心だった熊本と鹿児島 102
子々孫々語り継がれる〝恨み節〟 104
中央政府と三度戦った薩摩 105
江戸時代の生産力は熊本に軍配 107
両県の断絶を生む〝言葉の壁〟 109
熊本県民と鹿児島県民の気質と恋愛観 110
【名物自慢】「ふりかけ」文化発祥の地・熊本 113
【名物自慢】鹿児島県民御用達の「しろくま」 114

第7章 広島 vs 岡山 …… 117

中国地方の盟主に岡山が物言い！ 118
岡山県の大逆転に秘策あり 121
「怖そうな方言」ランキングでも拮抗 122
岡山県民と広島県民の気質と恋愛観 123
【名物自慢】「燃えろ岡山」キャンペーンで大炎上 126
【名物自慢】「カラオケボックス」は実は岡山生まれ 127
【名物自慢】フルーツ県・岡山をけん引する「白桃」 129
【名物自慢】こだわりが爆発する「お好み焼き」 130
【名物自慢】広島県民の「海外移住」の歴史 131
【名物自慢】賛否両論を呼ぶ「野球・サッカーの応援風景」 133

第8章　香川 vs 愛媛…………135

西の小島の覇権を争う香川と愛媛　136
ビジネスの高松、観光の松山　139
香川県民と愛媛県民の気質と恋愛観　141
【名物自慢】「さぬきうどん」はお金のものさし　144
【名物自慢】不気味だがなんだかうまい「あん餅雑煮」　145
【名物自慢】かつては遊女も買えた「金刀比羅宮《ことひらぐう》」　146
【名物自慢】「回転寿司」愛媛の系譜　148
【名物自慢】家庭で大活躍の「じゃこ天」　149
【名物自慢】憂さ晴らしから始まった「野球拳」　150

第9章　秋田 vs 山形 …… 153

ライバルの条件は「勝てそうな田舎」 154
〝美人〟をめぐるライバル関係 155
秋田県民と山形県民の気質と恋愛観 157
【名物自慢】身だしなみに命をかける秋田県民 160
【名物自慢】「ババヘラアイス」は素朴な味わい 162
【名物自慢】福神漬けとたしなむ「横手焼きそば」 163
【名物自慢】山形の風物詩「芋煮会」 164
【名物自慢】大盛り文化が花開いた「山形そば屋系ラーメン」 166
【名物自慢】家庭ごとにレシピが違う「ひっぱりうどん」 167

第10章 石川 vs 福井 …… 169
かつて〝人口日本一〟を誇った石川県 170
文化で繁栄した加賀藩 172
藩主に恵まれなかった福井藩 174
石川県民と福井県民の気質と恋愛観 177
【名物自慢】「回転寿司」進化を支える石川 179
【名物自慢】「独特なヒットチャート」 181
【名物自慢】モータリゼーションが生んだ「モーテル」文化 182
【名物自慢】福井の「結婚式」が愛知越え⁉ 183
【名物自慢】社長輩出率の多さは「腹黒さ」の証明？ 185
【名物自慢】「共働き」を支える福井の地域社会 186
おわりに 188
著者プロフィール 192

第1章

栃木 vs 茨城

日本国民の誰も興味がない〝北関東ナンバーワン〟争い

北関東3県は東から茨城、栃木、群馬と並んでいます。面積もそれぞれ6000平方キロメートルとちょっとで、だいたい同じくらい。地図上で見ている限りは実に仲がよさそうに見える「三兄弟」ですが、実際は全然違います。

しかし、それは全国的にはあまり知られていません。というよりも、北関東三兄弟そのものの全国的な知名度が非常に低いのです。

2017年の地域ブランド調査（ブランド総合研究所）の魅力度ランキングによると、**茨城県は5年連続最下位の47位。栃木県が43位で群馬県が41位タイ。**

北関東三兄弟が地図上でどこにあるのかわからない方も多く、ざっくりと「あのへん」とひとくくりにされてしまうこともしばしばあります。それがまた、それぞれの県民感情を刺激するのです。

とくに**「北関東ナンバーワン」**を自任している茨城県と栃木県はライバル関係にあり、火花を散らしています。

客観的なデータとして、人口では茨城県の296万人に対して、栃木県は199万人（2012年時点）と差があります。北関東は東に海、西に山と、地形がくっきり分かれているため、平地の多い茨城県が有利だと言えます。

北関東3県それぞれのライバル意識を調べてみると、微妙な違いがあるのが面白いところ。

人口の少ない群馬は**「それでも栃木には負けていない」**という感情が強くあります。その栃木のほうはというと、群馬のことはほとんど眼中になく、**「茨城にだけは負けたくない」**と張り合う気持ちが強いようです。

では茨城県のほうはどうかというと、実は栃木も群馬も相手ではなく、**「埼玉県・千葉県にも負けていない」**という意識がもっとも強いようなのです。

面白いことに、この**「対埼玉」**の意識には北関東3県共通のものがあります。すぐ南にある埼玉県の北部には負けていないという意識が強くあるのです。浦和・大宮は確かに都会だけれど、自分たちのすぐ近くの埼玉、「旧熊谷県」の地域は、どこも都会的ではありません。だから、決して負けていないという思いが強いのでしょう。

それで埼玉県が北関東三兄弟の「共通の敵」になっているというわけです。

まとまりのある茨城とバラバラな栃木

人口の差は平野部面積の差もありますが、県の成り立ち、歴史的な部分も関係しているようです。

茨城県はかつて常陸国と呼ばれ、肥沃な平野に恵まれた東の大国でした。常陸国では、佐竹氏という地方豪族が平安時代から関ヶ原の合戦まで権勢を振るっていました。江戸時代に入ると、徳川御三家の水戸藩の威光が行き届くようになります。安定感のある領国支配が続いたと言えるでしょう。

現在茨城県は、政治経済や観光の中心である水戸市をはじめ、県南の中心地・土浦市、企業城下町でもある工業の中心地・日立市、国際的な学術研究都市・つくば市、霞ヶ浦や筑波山を擁し、かつて国府が置かれた歴史の町・石岡市、東京のベッドタウン取手市など、地域ごとの個性がうまく機能しているのが特徴です。

一方、かつて下野国と呼ばれた栃木県は、伝統的に地方豪族が群雄割拠する土地柄。鎌倉時代には小山氏、宇都宮氏、足利氏、那須氏などの有力武家が、幕府につかえる「御家人」として互いに張り合いました。

それらの古い士族は、戦国時代に入っても主導権争いを繰り広げ、徳川の世になっても藩となっても、その構図は変わりませんでした。

明治になって県庁所在地をめぐって栃木市と宇都宮市がもめたりしたのも、またあまり市町村ごとに特徴がないのも、そうした「地方豪族が競い合う」という文化の表れかもしれません。

そんな栃木県ですが、歴史的に非常に注目された場所もあります。

一つは「足利学校」です。まだ論争が決着していませんが、平安時代か、または鎌倉時代には現在の足利市に創設されていました。

日本最古の高等教育機関で、戦国時代までは事実上の最高学府、今で言えば東京大学のような存在でした。その名声は遠くヨーロッパにまで届いていました。

もう一つは日光東照宮です。徳川家康を祀り、江戸幕府の聖地となり、特別に保護されました。

「見ざる、言わざる、聞かざる」の三猿や「眠り猫」など木彫像が有名です。

1999（平成11）年、登録名称は「日光の社寺」として、日本で10番目の世界遺産に登録されました。

茨城県民と栃木県民の気質と恋愛観

同じ北関東なので、共通した気質を持ちながらも、微妙に違うのが茨城県民と栃木県民です。

両県の男性は、一見すると口数が少なく、地味で照れ屋、面白みに欠けるように思われがち。でも、つきあってみると誠実で律儀というのが特徴です。

茨城県は北部と南部で恋愛の傾向が違います。

より保守的な茨城県北部では、なんとなくぶっきらぼうで無愛想、見栄っ張りで、デリカシーに欠けるというのが男性のスタイル。

口下手で冷静さにも欠けるのに加え、人の顔色をうかがうことも苦手。そのため、煙たがられ、誤解されやすいのです。

ただしその実、内面は実直で純情。金や物事に執着しないという特徴があります。恋愛においては、控えめな女性を好み、多少、強引なところもありながら、「好きになったら一途」のタイプが多いのです。

茨城県北部の女性も、ぱっと見た目には勝ち気で、しとやかさには欠けるようですが、保守的な地域だけに内面は優しい性格が多いのが特徴。

茨城県南部の男性は、恋愛には積極的で、明るくおおらかな女性が好み。女性もそれに呼応していて、おおらかで協調性豊かな人が多いです。仲よくなるのに時間はかかりませんん。恋愛にも積極的で「駅のホーム越しに愛を叫ぶ」タイプが多いほど。ただし、やや移り気なところがあります。

栃木県民も、地味な照れ屋、慎重すぎて積極さに欠けるという北関東気質は共有しています。

やはり地域によって微妙な違いがあり、ざっくり言うと県央・県北は自意識が強く保守的、県南はフランクな人付き合いをします。

恋愛においても「いぶし銀」と言われる栃木の男性は消極的で、恋の炎が燃え上がるまで時間がかかります。しっかりした堅実な女性が好みです。

栃木の女性はというと、女性らしい見た目にはあまりこだわりがなく、たくましいタイプが多い。明るくて行動力、バイタリティーがあって、お金にも細かくない。どちらかというと「かかあ天下」型です。

恋愛関係になるまでには時間がかかるようですが、一度恋人関係になるとめったなことでは裏切りません。頼れる男性が好みです。


結婚後、出世するのはどちらでしょう。社長輩出率は茨城県が36位で、栃木県が27位。エリート官僚輩出率では、茨城県が41位で栃木県が37位。どちらもあまり高くありませんが、いずれも栃木県が一歩リードしています。

もっとも、そんなことを言い出すと、福田赳夫、中曽根康弘、小渕恵三、福田康夫と4人も首相を輩出した群馬県にはかなわないということになってしまいますが……。

【名物自慢】〝殻にこもる〟栃木県民が大好きな「宇都宮餃子」

栃木にはあまり名物らしい名物がありません。昔からかんぴょうの生産高1位として有名ですが、あまりにも地味すぎます。

今、あえて挙げるなら、宇都宮の餃子と佐野のラーメンでしょうか。

実は初めてビジネス雑誌に「日本一餃子を食べるのは宇都宮」という記事を書いたのは私です。１９８９年のことです。もちろん、餃子を押し出し始めたのはもっと前のことだと思われますが、その記事が話題となって、「宇都宮の餃子」と注目されるようになりました。

宇都宮市の人は、実によく餃子を食べます。年間、世帯当たり餃子の購入額は４２５９円。全国平均の倍以上の水準で、全国ナンバーワンなのです（「家計調査」２０１７年　総務省。ちなみに2位は浜松で３５８０円）。

宇都宮はとにかく餃子の店が多いです。『みんみん』、『正嗣《まさし》』、『宇都宮餃子館』などのチェーンをはじめ、市内にはなんと１６５店もあるのです。

最近は餃子で町おこしをしているほどで、餃子だけで30種類以上のメニューの店もあります。

宇都宮に餃子の店が多いのは、戦後中国からの引揚者が多かったためといわれています。しかし、私は栃木県民の気質も大いに影響していると思います。

栃木の人は渋めのいぶし銀タイプ。恥ずかしがり屋で話し下手で人見知りをする人が多いです。真面目で律儀で堅実なところがあり、慎重すぎるきらいがあります。

それは商売の面にも表れていて、あまり商売上手とは言えない部分があります。

私も以前、餃子の店を何軒かハシゴしたことがあるのですが、宇都宮の餃子専門店の特徴は、餃子しか出さない店が多いこと。なんとご飯を出さないというお店もあります。あんなにご飯に合うおかずはないと思うのですが……。

そしてビールさえ置いていないところがあります。放っておいても、どんどん売れるはずなのに。こんなところに、真面目で不器用な「栃木の県民性」を感じます。

ついでに言えば、栃木の人はどちらかというと殻にこもるタイプが多いだけに、皮にくるまっている餃子が好きなのかもしれません。

【名物自慢】コツコツ気質が生んだ「佐野ラーメン」

もう一つの栃木名物「佐野ラーメン」が注目されはじめたのは、ここ十数年のことです。ただ、その歴史は全国的にみてもかなり古いものなのです。

そのルーツを探ると、大正時代にまでさかのぼることができます。「エビス食堂」という洋食店に雇われていた中国人のコックさんが、青竹を踏んで打った麺を出したのがはじまりだといわれています。

佐野ラーメンの強みは、佐野市が麺の主成分である小麦粉の産地であること。加水率の高いなめらかな麺は、太めの平打麺で、ビラビラと唇で躍る感覚が絶妙です。水分が多いため、見た目よりもゆで上がり時間が早いのも特徴です。

昭和初期から、人口5万人ほどの町に150軒を超えるラーメン店があったといいますから、ラーメン処としてのキャリアは博多や札幌をもしのぐものです。元祖ラーメン処といっても過言ではないほどのラーメン文化があるのです。

外食として楽しむだけでなく、訪問客に出前を取ってもてなすこともされていて、ごちそうとして古くから愛されていました。

スープは澄んだ醤油味が主流。サラリと飲み干せてキレのあるタイプです。チャーシュー、メンマ、なると、刻みネギという具も昔ながらのものです。

佐野がラーメンの街になったのは、小麦粉の産地であったことと、コツコツ努力する栃木県民気質が青竹踏みに合っていたのでしょう。

【名物自慢】「カクテルの街」宇都宮の知られざる一面

知る人ぞ知るという情報ですが、宇都宮は「カクテルの街」と呼ばれています。その理由は、全国的な競技会で優勝するレベルの、腕のいいバーテンダーを多数輩出しているからです。宇都宮には戦前から、帝国陸軍の連隊区があり、遊郭、料亭、バーなどが建ち並ぶ繁華街として栄えていました。

そんな宇都宮が「カクテルの街」に変わっていったのはどうしてか。実は、バー「パイプのけむり」のオーナー大塚徹氏の功績が大きいのです。

自らもバーテンダーとして技術を磨いていた大塚氏は、自分の店のスタッフに「プロ意識を持て」と教育し、全国の競技会に積極的に挑戦させました。

その結果、「弟子たち」は続々と全国レベルの大会で大活躍をします。それが地元の業界を刺激し、また弟子たちが大塚氏の店から独立して、自分の店を持つようになりました。

こうして、日本を代表するバーテンダーが集結する街・宇都宮を形づくることにつながっていったのです。県民性としても、栃木の男性は、カラオケでワイワイ盛り上がるというより、静かに1人で、せいぜい2、3人で酒を楽しむタイプが多い。顧客としてもバーテンダーとしても、**「キャバクラよりもカクテルバー」**という気質なのです。

【名物自慢】数々の伝説が残る「水戸納豆」

一方の茨城県は、栃木県と比べると、すぐに思い浮かぶ名物があります。まず、なんといっても知名度ナンバーワンは、「水戸納豆」でしょう。

世の中の健康志向が進み、健康的な食品が次から次へと紹介されますが、絶えず健康食品界のトップに君臨しているのが納豆です。

現在の納豆のルーツは、源義家が奥州征伐への途中で水戸付近で休息したとき、馬のエサにするワラの上に捨てられた煮豆がほどよく発酵しているのを発見。自ら食べてみたところ、たいへんおいしかったことから、家来に命じて研究させたのが、今日の糸引き納豆の始まりといわれています。

ただし、義家の奥州征伐にまつわる同じような納豆伝説は、岩手県、山形県、栃木県などにも残されています。

水戸納豆は、今日の主流である小粒大豆を使用したのが特徴。もともと水戸の周辺は、肥沃な土地の多い茨城県では珍しく土地が悪く、大粒の大豆が育ちませんでした。

そこで、小粒の大豆を植えてそのまま食べたり、稲のわらに包んで自家製の納豆を作ったりしていたのです。

明治時代に、水戸の笹沼清左衛門が宮城から技術を導入、伝統的な家内工業ではなく、近代的な食品工業として製法を確立させました。

明治22年、水戸に鉄道が敷設され列車が走るようになると、「水戸納豆」の人気が急上昇し、全国的に有名になったといわれています。

茨城の人は自己主張が強いため、お世辞や相手に合わせるのが苦手。商売に向いている性格とは言い難いのですが、その反面、何かをコツコツと作るのが得意です。

【名物自慢】堅実性がにじみ出た「偕楽園の梅」植林

水戸の偕楽園は日本三大名園のひとつ。毎年たくさんの観光客が訪れます。

この偕楽園、水戸家9代藩主徳川斉昭が作ったといわれています。斉昭は飢饉対策など領民の暮らしの安定にも力を注いでいた人で、「偕楽園」という名前も、「皆ともに楽しむ」という意味で、日を決めて、領民にも庭を開放していたのだそうです。

園内には、約100品種、2000本の梅の木が植えられています。すでに花といえば桜だった江戸時代に、なぜ梅の木を植えたのでしょうか。そこに領民思いの藩主斉昭の心意気があります。桜なら花を見るだけ。でも梅なら花を楽しんだ後、実も食べることができる。だから桜ではなく、梅にしたのだといわれているのです。

さらにもう少し丁寧に説明すると、飢饉対策、有事の際の非常食として梅干を確保しておくことが領民のためになると判断したのです。

名君と呼ばれた殿様にも、堅実な茨城県民の気質が表れていました。

【名物自慢】ソウルドリンク「マックスコーヒー」

「茨城でコーヒーと言えばマックスのこと」と言われたほど、県内で有名なのが缶コーヒーの「マックスコーヒー」です。

茨城と千葉、それに栃木の一部しか販売されておらず、「ちばらきコーヒー」の別名を持ちます。他の地域ではその存在さえ知られていませんが、茨城や千葉の人にとっては子どもの頃から親しんだ、いわばソウルドリンク。

通学列車では窓際にマックスコーヒーがずらっと並ぶことも珍しくなかったといいま

す。缶を見ると、なんと練乳が入っているのです。だから、コーヒー好きには敬遠され、「甘さがマックスのマックスコーヒー」と言われることもありました。

現在は日本コカコーラのジョージアシリーズに組み込まれていますが、1975（昭和50）年に発売されて以来のロングセラー商品としてまだまだ健在。

茨城や千葉は味の面でも保守的な人が多い傾向があります。これは肥沃な土地に加えて海の幸、山の幸にも恵まれて、食生活が安定していたことが影響していると思われます。だから昔からなじみのある甘いMAXコーヒーを愛し続けるのでしょう。

【名物自慢】「こいのぼりの大きさ」は茨城県民のプライドと比例

茨城の県民性を表すものに「こいのぼり」があります。5月5日の端午の節句には、どの家も豪華なこいのぼりをたてて大々的にお祝いするのです。

特筆すべきはその大きさ。茨城のこいのぼりは、とにかくデカいのです。茨城だけではなく、千葉、栃木、福島南部あたりも大きいのがありますが、その中心地が茨城なのは間違いなく、やっぱり目立つのは茨城なのです。

こいの長さは大きいものでは15メートル級。西日本では大きくてもせいぜい8メートルですから、この大きさはずば抜けていると言ってよいでしょう。それが5～20匹並んで泳ぐのですから、それはそれは壮観です。

年々小ぶりになる傾向はあるようですが、それでも8メートルのセットで25万円から45万円。基本は、家紋入りの昇竜の吹き流しに真鯉、緋鯉、子鯉のセット。その下に親戚などから贈られた子鯉が並びます。

そのため、真鯉、緋鯉、子鯉は大きくなければならないのです。家の中には内飾りといって、鎧、兜、子供大将（人形）を飾ります。これも少なくとも45万円以上はします。

一方、3月3日のひな祭りは、三段飾り（20万円から30万円台）が中心になりつつあるそうですから、女の子については一般的なレベルです。

このように男の子の節句に力が入っているのは、近年まで封建的な価値観が残っていたという茨城の県民性もあるでしょう。みっともないことをしたくないというメンツやプライドも垣間見えます。

第2章

千葉 vs 埼玉

「1都3県」の最下位をめぐる熾烈な争い

突然ですが、「首都圏」と聞いたら、どのエリアのことを思い浮かべますか。

この質問には正解があって、法律で決まっています。「首都圏整備法」では、関東地方の茨城県、栃木県、群馬県、埼玉県、千葉県、東京都、神奈川県に、お隣の山梨県を加えた1都7県を「首都圏」として整備するようにと定めているのです。

でもどうでしょうか。今、「首都圏」といえば、もう少しせまい範囲を指すことが多いような気がします。

「東京圏」と同じように、東京、神奈川、千葉、埼玉のいわゆる「1都3県」あたりを首都圏というのが一般的でしょう。

さて、この「1都3県」ですが、東京と神奈川はちょっと別格です。東京はもうすべてにおいてダントツですし、神奈川は今や大阪をしのいで全国2位の人口を誇ります。

問題は、残った千葉と埼玉です。首都圏の第3位、銅メダルになるか、それとも**「首都圏最下位」**になるか。熾烈な闘いを繰り広げています。

50年以上さかのぼることにはなりますが、1952年の人口調査では、埼玉県の218万人に対して、千葉県は215万人と非常に僅差でした。こんなところからも、お互いに「神奈川に追いつくのはちょっと無理だけど、埼玉だけには負けたくない」「千葉とだけは一緒にしないでほしい」というライバル関係が始まったと考えられます。

そのライバル関係の根底にあるのは、**「どちらがダサいか」**という**「田舎者比べ」**だと言えるでしょう。どこかにのどかな地方色があるというのは「地域の魅力」としていいことなのですが、東京のベッドタウンとして発展した両県だけに、とにかく「どちらが都会か」という尺度で張り合ってきたわけです。

温暖な気候が千葉の県民性に

いまでこそ「埼玉都民」「千葉都民」を多数抱え、ベッドタウンの雄を競う似た者どうしの両県ですが、律令制度が整った681年の飛鳥浄《きよ》御《み》原令《はらりょう》の頃から振り返ってみると、それぞれの違いがクッキリします。

おおざっぱに言うと、千葉の県域は昔の上総国と下総国から成り立っています（上総国の一部、房総半島の先端部は後に分離して安房国になりますが、ここでは上総国とまとめてしまいます）。

豊臣秀吉の命令で、徳川家康が静岡から江戸に移ると、多くの家来もついてきて、江戸から遠くない上総国に移り住みました。もういきなりベッドタウンだったわけです。江戸時代には彼らが菊間藩など7つの小藩を形づくっていきました。

関東平野の東の端に位置する千葉の県域は、地勢的にも経済的にもそれほど重要視されなかったため、戦乱に巻き込まれることもあまりありませんでした。

徳川家と関係の深い殿さまが実権を握っていたことや、黒潮の影響による温暖な気候もあって、従順で穏やかな県民性ができていきました。

明治に入り、廃藩置県では、とりあえず小さな藩もそのまま県になりましたが、すぐに大合併が行われ、1871（明治4）年11月には、旧下総国にあった県が「印旛県」、旧上総国にあった県が「木更津県」となりました。

さらに、2年後の1873年6月、木更津県と印旛県が統合し、「千葉県」が誕生したのです。

「千葉」とはこの地域で活躍した士の姓ですが、当時はすでに勢力が縮小していて、拠点としていた場所に「千葉町」の名を残すのみでした。

木更津県と印旛県の合併にあたっては、両県の境にあった千葉町に県庁を置くこととし、新しい県名も「千葉」とすることになりました。

両県に不公平がないようにということでしょうが、こんなところにも穏やかな県民性が表れています。

〝埼玉都民〟のルーツは武蔵国

歴史的には、「辺境の地」でしかなかった千葉。一方の埼玉県エリアは、東北地方を開発するための重要拠点だった「武蔵国」の一部でした。武蔵国は、現在の東京都と埼玉県のほぼ全域と神奈川県の一部にあたります。つまり、埼玉は長いあいだ武蔵国として東京と一体だったということになります。

埼玉県域は東国武士の本拠地となり、鎌倉時代から室町、戦国期には激戦地となり、各地に館や城が築かれました。

徳川の時代に入ると、幕府は川越藩、忍藩（現在の行田市など）、岩槻藩に信頼できる家臣を置き、江戸を守らせました。これらは「武蔵三藩」と呼ばれ、リスペクトされていました。

埼玉県域には、武蔵三藩以外には岡部藩（現在の深谷市）が置かれただけで、ほかは幕府の土地（直轄地、旗本領）でした。

幕末・明治の激動期になっても、埼玉と東京の関係は複雑かつ、密接でした。1869（明治2）年1月、武蔵国の幕府領のうち、北西部に「大宮県」を設置します。県庁を大宮に置く予定だったので大宮県と名付けましたが、大宮エリアに県庁に適当な物件がなく、建物ができるまでは、とりあえずという感じで東京府馬喰町（現在の東京都中央区日本橋馬喰町）に大宮県の県庁を置いたといいますから、当時の建築事情がうかがえます。

実際に埼玉県内に大宮県の県庁が移されたのは9月のこと。結局、当時もっとも栄えていた浦和に県庁を置くことにしたため、県名も「浦和県」に改称しました。このあたり実にテキトーです。有名な浦和対大宮の対抗意識はここから始まっているのです。

１８７１（明治４）年、廃藩置県で、武蔵三藩がそれぞれ川越県・忍県・岩槻県となり、さらに、忍県・岩槻県・浦和県の３県が合併して、「埼玉県」が誕生します。県庁は岩槻町（現在のさいたま市岩槻区）に置かれることになりましたが、やはり適当な建物がないため、旧浦和県庁がそのまま使われました。

残った川越県は、武蔵国の幕府領の東南部、品川県の一部を組み入れて、「入間県」と改称します。入間県は１８７３（明治６）年に群馬県と合併して「熊谷県」となります。これは、徳川時代、川越藩と前橋藩が政治的・経済的に一体だったためで、両県の境界にあった熊谷駅（現在の熊谷市）に県庁を置き、県名も熊谷県としました。

しかし、３年後には合併が解消されて、旧入間県は埼玉県に編入され、現在の埼玉県の形になりました。

もともと武蔵国として東京と一体だった埼玉。江戸時代も県エリアのすべてが幕府領または幕府の重臣によって支配されていたことからも、「江戸を支える地域」だったと言えるのではないでしょうか。

「埼玉都民」という意識は、現代に始まったことではないのです。

人口増加レース勝負のポイントは〝地形〟

さて、1952年にほぼ同数だった埼玉県と千葉県の人口ですが、2017年1月の調査では、埼玉県734万人に対して千葉県は628万人と大きな差がついています。

その65年のあいだ、両県は東京のベッドタウンとして切磋琢磨しながら発展してきたわけですが、ここまで差がついたのはなぜでしょうか。

もっとも大きな理由は、地形でしょう。

東京の都心部は、東寄りに位置しますので、東京都の東となりにある千葉県は、都心からすぐ近くです。これは千葉県にとって大きなメリットです。当然、そのエリアには非常に多くの人が居住しています。

ところが、その一番いい場所はあまり広くありません。そこには東京湾という障害物があるからです。

千葉県と接している東京の区は、江戸川区（千葉県側は浦安市・市川市）と葛飾区（同じく松戸市）のみ。東京中心部から近いというメリットが生かせる地域は、きわめて限定されています。

一方の埼玉県は、東京都の北に位置するため、「都心のすぐそば」という地域はあまりありません。ただ、千葉にとっての東京湾のような障害物はないため、「そこそこ近い」というエリアがたくさんあります。

北区、足立区、葛飾区、板橋区、練馬区で東京23区と接するだけでなく、東村山市、東大和市、東久留米市、西東京市、清瀬市、武蔵村山市、青梅市、瑞穂町、奥多摩町といった東京都下のエリアとも接しています。

陸の埼玉、空と海の千葉

また、その地形は鉄道網など交通の発達にも影響しています。関東平野の東端にある千葉県に対し、埼玉県は関東平野の中央にあります。この場所は、東北方面、上信越方面、北陸方面への玄関口であり、交通の要衝です。

ベッドタウンとしての広がりに加えて、新幹線や高速道路など主要幹線が通っていることにより、交通という点ではかなりのアドバンテージがあると言えるでしょう。

東京の都心や副都心と千葉県を結ぶ鉄道路線は、JR（総武線、京葉線、常磐線）、京成電鉄（本線、成田空港線、千葉線など）、北総鉄道北総線、東京メトロ東西線、都営地下鉄新宿線くらい。

一方、埼玉県のほうは、JR（東北・北海道・山形・秋田・上越・北陸の各新幹線、京浜東北線、埼京線など）、東武鉄道（本線、東上線）、西武鉄道（新宿線、池袋線）、東京メトロ（有楽町線、副都心線）、埼玉高速鉄道（東京メトロ南北線乗り入れ）など、充実しています。

しかし交通ということであれば、千葉県にはあって埼玉県にないものもあります。

まずは成田国際空港。2017年のデータでは、国内線と国際線を合わせた発着回数や旅客数で東京国際空港（羽田空港）に次ぐ全国2位。ただし、国際線の旅客数では1

位です。

また、成田空港の輸出額は約12兆円、輸入額は約11兆円。これは、船の港を含めても国内1位です。

電子機器や医薬品など軽量で付加価値の高いものが成田国際空港を拠点に輸出入されているのですが、意外なところでは魚介類の輸出も増えています。

とくにマグロの水揚げ量は国内の漁港でも上位にランクされるほど。今や漁業関係者からは「成田漁港」と呼ばれているほどです。

そして千葉県にあって埼玉県にないものといえば、そう「海」です。千葉県には工業港、漁港、フェリー港、マリーナなど良港がたくさんあり、海の交通の拠点として機能しているのです。

観光資源惨敗で〝じだんだ〟の埼玉

また、千葉県がライバル埼玉県を大きくリードしている点が観光業です。

抜群の動員力を誇る東京ディズニーリゾートの存在が大きいのは事実ですが、それ以外にも成田山新勝寺、南房総や外房の海水浴場、漁港周辺の魚介類の直売所や海鮮バーベキュー、幕張メッセ、海ほたるパーキングエリアやパサール幕張、鴨川シーワールド、マザー牧場、数えきれないほどたくさんあるゴルフ場など、人々を楽しませる強力なコンテンツが目白押しです。

埼玉県のほうも、鉄道博物館、長瀞《ながとろ》ライン下り、小江戸・川越の街並み、秩父のお祭りや、アニメの聖地PRなど、一生懸命観光に力を入れているのですが、知名度向上にはなかなかつながらず、千葉との差は歴然。じだんだを踏んでいる状態です。

観光庁が2016年に発表した資料によると、日帰り客こそ埼玉の3546万人に対して千葉が3649万人と拮抗しているものの、県内宿泊客は埼玉の44万人に対して千葉は208万人、県外宿泊者は埼玉の82万人に対して千葉は1035万人と千葉が圧倒しています。

人口増加レースで埼玉県には水を空けられて、1都3県では最下位の千葉ですが、観光業の他でも勝っている点はあります。人口が少ないからと言って「豊かではない」ということではありません。

ここに、千葉県民の豊かさを示すデータもあります。

２０１７（平成29）年5月に発表された、「平成26年度県民経済計算」によると、１都３県の県民所得の金額は、人口と同じように1位東京、２位神奈川、３位埼玉、４位千葉の順でした。しかし、これを人口で割った「１人当たり県民所得」で比較すると、1位東京、２位千葉、３位神奈川、４位埼玉とランキングが変わります。

これは、千葉県が商工業などでも高い付加価値を作り出していることを意味しているのです。

埼玉県民と千葉県民の気質と恋愛観

両県の男女について、気質を見てみましょう。

埼玉の男性は親切で温和。遊びでは気楽なのに、本気になると素直に感情を出せないところもあります。とても優しいのですがマイペースなのんびり屋が多く、自己満足しやすい。それでも協調性や順応性は充分。欠点は金銭感覚がおおざっぱなところで、金遣いも上手な方ではありません。

千葉県の男性は総じて恋愛に積極的。北部の男性はどこかマイペースですが、ソツがなく打算的な一面もあります。明るく元気な女性が好みで、女性には優しいのが特徴です。

南部・東部の人は義理人情型で、細かなことにこだわらない、明るくておおらかな楽天家が多いです。ただし、粘りに欠けるところが玉にきず。女性に甘えたいという願望があるため、姉御肌の女性を好みます。

女性はどうでしょうか。実は、千葉の女性と埼玉の女性はとても似た気質を持っています。それはとくに金銭感覚に表れていて、おおざっぱで、流行にのせられやすいタイプが多いです。

バブル時代、ディスコでお立ち台ギャルとして名をはせたのが、埼玉と千葉の女性。目立ちたがり屋で一度しかない人生を楽しむタイプです。恋愛においては、誰とでも気軽につきあうことができ、仲よくなるまでに時間はかかりません。でも冷めやすく、飽きっぽいところまで似ています。

埼玉の女性は親切で温和、マイペースですが行動範囲は広い。協調性があって、誰とでも合わせられます。

北部の方へ行くと群馬に似てきて、気が強く根性もあります。

千葉北部の女性はおおらかで明るい。ファッションへの関心も強い。晩婚傾向にあり、結婚すると主導権を握りますが、教育ママにはあまりなりません。甘えすぎる男には冷めてしまい、離婚を考えます。

千葉県南部・東部の女性はのんびりしているわりに衝動的。芯は強く、同じ地域の男性より粘り強く、包容力もあります。人生において基本的には積極的なのですが、恋愛については受け身。母性本能をくすぐる男性が好みです。

県民性をまとめてみると、千葉県民と埼玉県民は似た部分が多く、仲が悪いはずなのに恋愛は意外とうまくいきます。

埼玉の女性は浮気好き？

結婚を考えるのなら現実的なことも重要。社長輩出率で比べると、埼玉県は47位で最下位。でも千葉県も45位で大差なし。

エリート官僚輩出では埼玉の44位に対して、千葉は32位とこちらは少し差がありました。どちらもたいしたことありませんが、わずかに千葉がリード。

どちらの県も結婚式にお金をかける傾向があります。結婚式の費用は埼玉が３７６万円で４位、千葉は４３６万円で日本一です。

これは東京ディズニーリゾートで式を挙げるカップルが多いためだと考えられます。もちろん他県のカップルにもディズニーファンは多いのですが、小さい頃から何かとディズニーランドで行事が行われる千葉県民には、ここで結婚式を挙げたいとあこがれる人が多いのも理解できます。

ちょっと心配なデータが、**「埼玉の女性は浮気好き」**というもの。

２０１０年にナンバーワン戦略研究所が各県出身者既婚男女50人ずつに、「浮気したことがありますか?」とストレートに聞いてみました。

全国平均では、既婚男性の23%が浮気をしたことがあると答えました。女性は男性に比べて低く9%でした。男性は約4人に1人、女性は10人に1人という計算です。

浮気をしたことがあると、女性がもっとも多く答えたのが埼玉県(徳島県も同数1位)で20%にのぼりました。

埼玉の女性は目立ちたがり屋で一度しかない人生を楽しむタイプが多い。さらに流されやすいところもあるため、「みんながしているなら私も……」となりやすいのかもしれません。

【名物自慢】和歌山伝来の「野田醤油」

埼玉県民を揶揄する言葉に、「一番の有名人は野原しんのすけ」というのがあります。

野原しんのすけとは、1992(平成4)年に放送スタートした人気アニメ『クレヨンしんちゃん』の主人公の名前。しんちゃんが活躍する舞台は、埼玉県東端にある春日部市です。

その春日部市の東に隣接しているのが千葉県野田市です。ここには日本を代表する醤油メーカーであり、現在は総合食料品メーカーでもある、キッコーマンの本社があることで有名です。

この野田市という場所、埼玉県と接しているだけあって、海からはずっと離れています。なぜこの場所が醤油の一大産地になったのでしょうか。

千葉県に醤油造りを伝えたのは、和歌山県の醤油職人です。江戸時代、和歌山県の漁師が黒潮に乗って、千葉県銚子までやってきて、和歌山と同じ漁法で大儲けをしました。同じような地形、同じような気候だったため、培ったノウハウがそのまま生かせたのでした。

それに刺激された醤油職人が和歌山から銚子に移り住みます。新しい巨大マーケット・江戸にチャンスがあると睨んだのでしょう。銚子周辺は、言葉や料理、地名や人名などに和歌山由来の文化が色濃く残っていることが知られています。

狙い通り、銚子の醤油は江戸で大ヒットします。千葉県の東端、太平洋に面した銚子には、利根川の河口もあります。醤油の原料となる塩、小麦、大豆は上流から舟で運ばれ、完成した醤油は利根川をグイグイとさかのぼって、支流である江戸川で向きを変え江戸まで運びました。

この利根川の支流、江戸川との分岐点が野田の関宿《せきやど》というところにありました。つまり、醤油の製法は原材料や製品の運搬とともに野田市にまでさかのぼり、より江戸に近いその場所に定着したのです。

【名物自慢】観光地化にやっきの「秩父」

千葉県民から「**海がない**」と言われる埼玉県ですが、それを言うなら千葉県には「**山がない**」と反論できます。千葉県の最高峰は南房総にある愛宕山で、標高はわずか408メートルしかありません。これは沖縄県の於茂登岳（526メートル）を下回り、47都道府県でもっとも低い最高峰です。

一方、埼玉県の最高峰は奥秩父にある三宝山で、標高は2483メートルあります。

観光では千葉県に圧倒されている埼玉県にとって、秩父はこれから観光客を呼び込みたい貴重な観光資源と言えます。

クレヨンしんちゃんと並んで有名な埼玉出身者が、人気番組「笑点」に出演している落語家の林家たい平さん。

番組中に出身の秩父で行われるお祭りのPRをすることもしばしば。

秩父行きの特急電車を運行している西武鉄道では、CMに女優の土屋太鳳さんを起用し、「ちちんぶいぶい秩父」のダンスで話題を作っています。そのかいあってか、登山好きな女性、通称「山ガール」の来訪も順調に増えているとか。

また、アニメ作品『あの日見た花の名前を僕達はまだ知らない。』の舞台だったことから、「聖地巡礼」の対象になるなど、埼玉県期待の観光資源「秩父」への期待はますます高まりそうです。

第3章

静岡 vs 山梨

富士山をめぐる境界線問題

静岡県と山梨県の対立の根本にあるのは、「富士山はどちらの県のものか」です。こう書くと、まるで子どもの口げんかのようですが、国境であれば戦争にもなりかねない、境界線をめぐる争いですから、笑ってばかりもいられません。

日本には未確定な県境が10以上ありますが、その中でもっともホットな境界線が静岡県と山梨県の境界、富士山の山頂と、東側5キロメートルほどの斜面です。

この問題を振り返ると、江戸時代の徳川家康にたどり着きます。関ヶ原の合戦に勝った家康は、それを記念して富士山をご神体としてお祀りしていた浅間大社の本殿を造営し、境内を整備しました。それと同時に、富士山八合目以上を境内地として寄進したのです。これによって、富士山の山頂は浅間大社の私有地として認められたのでした。

明治の維新で富士山八合目以上は国に没収されました。その上であらためて国から浅間大社に無償で貸すという形にしたのです。

次の転換期は第二次世界大戦終結後です。新しい日本国憲法によって政教分離が定められると、国有地の無償貸与が禁止されます。

そこで浅間大社は、江戸時代の状態に戻して私有地とするよう政府に嘆願します。浅間大社のご神体は富士山ですから、そのご神体である山頂を返してほしいというのが理屈です。

これに対して反対したのが山梨県です。浅間大社の社殿は静岡県にありますので、八合目から上が静岡県に組み込まれることに反対したのです。

結局、浅間大社は国との間に裁判を起こし、17年間の係争の末、気象庁の観測所や登山道など一部を除く八合目以上の土地は浅間大社に戻されることになりました。2004（平成16）年に、国から無償譲渡が正式に行われたのです。

ただし、それはそれで、これはこれ。山梨県と静岡県の県境問題は別なのです。もはや、富士山がどちらの県のものかを法律でバッサリと決めることはできないかもしれません。

浅間大社は土地を自分のものにすることができましたが、そこが山梨県なのか静岡県なのかが決まっていないため、土地の登記はできないというのが現状です。

一般の人の認識はなぜか静岡県が優位

大人の対応として、あえて白黒ハッキリさせないというのが現状ですが、それでも張り合いたくなるのが人情なのでしょう。

静岡県庁の公式ホームページを見ると、**「ふじのくに」**というキャッチフレーズが踊っています。ストレートな主張です。

一方の山梨県庁はというと、こっちには**「富士の国」**とあります。ひらがなと漢字の違いこそありますが、読みはまったく同じです。

もはやどちらも一歩も譲らない構えのようです。

山梨県民から言わせれば、「富士山と言えば山梨県側から見た姿。千円札の裏にも描かれているくらい美しい。絵画や写真などで描かれている富士山は、圧倒的に山梨県側からが多い」となりますが、静岡県民は「静岡側から見た富士山を表富士と言う。山梨側から見るのは裏富士。つまりB面」と切り捨てます。

山梨県民は、「富士五湖はすべて山梨県にあるし、富士山登山客の半数以上が吉田ルート（山梨側）を利用している」と負けませんが、静岡県民は、「富士山の面積は静岡県が多いし、富士山頂郵便局は静岡県富士宮市にある」と、取り付く島もありません。

では一般の人の考え方はどうでしょうか。最近の調査結果を見てみます。

「富士山見るなら、静岡から？　山梨から？」（Jタウンネット　1172人　2014年）というアンケートでは、静岡県が55％、対して山梨県は45％と僅差ながら静岡が優勢。

ちなみに山梨県民は全員が山梨と言っていますが、静岡県民の中には「山梨」と答える人が9％いました。

続いて、「富士山はどちらの県のモノだと思う？」（しらべぇ　1301人　2016年）。このストレートな質問に対して、結果は静岡65・9％、山梨34・1％と、静岡がかなりの優勢です。なお、こちらは公平性を保つため山梨県と静岡県の票は除外してあります。

しかし、山梨県側にも希望があります。

2027年には中央新幹線（リニア新幹線）の品川から名古屋までが開業。さらに2

037年には名古屋から大阪までが開業します。

リニア新幹線は、品川と名古屋を最速40分で結びます。今ののぞみが最速1時間30分ですから半分以下になる計算です（ただし、実際の運用はもう少し時間がかかると予想されます）。

リニア新幹線は、東海道新幹線と違って内陸部のコースを走ります。そのため、ほとんどトンネルの中を走ることになります。静岡県は通らず、甲府には駅ができます。

これは大きなアドバンテージとなります。西日本の人たちが中央新幹線で富士山に来る際、多くの人が甲府に降りることになるのですから。

もっとも周辺の観光地なども考えると、行きはリニアで帰りは東海道新幹線というお客さんも多いかもしれません。ただ、少なくとも現在よりは、「富士山といえば山梨」と感じる人が増える可能性があります。

しかし、「どちらのものか」よりもっと深刻なのがゴミ問題です。

富士山は2013（平成25）年に「文化遺産」として世界遺産に登録されました。

もともとは「自然遺産」としての登録を目指していた富士山ですが、環境保全対策が十分でないという指摘を受けてしまいます。そこで、有効な改善策を示せないため、「富士山と信仰」に焦点をあてて「文化遺産」に切り替えなければならなかったという経緯があります。

ここはお互いの主張は一度置いて、静岡県と山梨県が協力して、問題解決に取り組んでいかなければなりません。

武将への尊敬が対立関係に影響

山梨を代表する歴史上の人物といえば、ほとんどの人が武田信玄と答えるのではないでしょうか。

山梨は、大化の改新後、甲斐の国が設けられ、牧場が置かれ、馬を貢ぎものとして納める制度が採られました。

11世紀以降、荘園や牧場地帯を基盤に、源義光を祖とする甲斐源氏が勃興します。その子孫、武田信義が武田時代を築きます。武田信虎は領国を統一し、その子、信玄が精兵を率いて信濃、駿河をはじめ近隣国を制圧し、領土を拡張しました。

信玄は外交、防衛手腕だけでなく、治水、新田開発、貨幣経済の導入など、先進的な政治手腕で領国を経済的に発展させ、領民の尊敬を集めました。

山梨県民は今でも親しみを込めて「信玄公」と呼びます。もし信玄公がもう少し長生きしたら、織田信長・豊臣秀吉・徳川家康ではなく、武田信玄こそが全国統一を実現し、日本の政治の中心になったと信じて疑いません。

一方の静岡も優れた武将と関係の深い土地柄です。

静岡県は東西に長く、かつては東から伊豆国、駿河国、遠江国と呼ばれていました。1180（治承4）年、伊豆に流されていた源頼朝が挙兵し、鎌倉幕府を開きます。それとともに東西交通が活発し、三国はその要として発展します。

南北朝期に遠江国、駿河国の守護となったのが今川氏です。今川義元は大軍勢を率いながら、「桶狭間の戦い」で少数の織田信長の奇襲にあい、あっけない最後をとげたことが有名です。

しかし、そこに至るまでの今川義元は、内政にも、軍事外構にも優れた手腕を発揮して、大国を築き上げたことはあまり注目されません。今川家が滅亡すると、駿河国は武田、遠江国は徳川、伊豆国は後北条と各家に分割されました。

江戸幕府成立後は、家康が隠居先として駿府城（静岡市）に入城し、9年間、政治の実質的中心になりました。初代将軍の住む街という誇りが、静岡の県民性につながっているのは間違いありません。

維新後は、浜松県、静岡県、足柄県の3県に統合・整理され、1876（明治9）年に足柄県の一部を神奈川県に移すとともに、3県が合併し、現在の静岡県の形になりました。

山梨といえば武田信玄。静岡といえば徳川家康。武将への尊敬の気持ちが、富士山をめぐる対立関係に拍車をかけているのです。

静岡県民と山梨県民の気質と恋愛観

静岡県は伊豆、駿河、遠江と、地方ごとに県民性に違いがあります。

伊豆は温暖な気候に山海の幸にも恵まれているため、のんびりと穏やかな気質。昔からの言葉に「駿河乞食」「遠州泥棒」というのがありますが、駿河はいざとなったら物乞いすればいいと考えられる楽天家、遠江は「泥棒」と称されるほど商売上手という意味です。

静岡は全県的には性的に早熟な傾向があります。伊豆の男性は恋愛も積極的。しっかりした女性が好み。

伊豆の女性は、行動力があって、フランクで包容力のあるしっかり者が多いです。結婚すると「かかあ天下」型になることが多い。耐え忍ぶ性格ではないので、夫がチャランポランだと怒り爆発の可能性充分です。

優柔不断なところがある駿河の男性は、恋愛はそれほど積極的ではありませんが、協調性があって好かれるタイプが多い。金銭にもおおらかで、交際は楽しいでしょう。

駿河の女性は堅実ですが、男性がのんびりしているだけに活動的。性格もさっぱりしていて、どちらかというと男っぽい。じっと耐えるタイプではないし、腹に貯めるタイプでもありません。情熱的で明るいミーハータイプが多く、時には大胆な行動を取ることもあります。結婚しても人生を楽しむタイプ。相手次第でかかあ天下になります。お金にはおおざっぱで衝動買いもするのですが、そのわりには預貯金もしっかりします。

パワフルでアグレッシブな遠江の男性は恋愛にも積極的。かわいい女性が好みです。

遠江の女性は、気さくで情熱的。何事にも積極的な人が多いです。包容力もあるので、結婚すると夫を上手にコントロールして家計もきちんと管理する奥様になります。

一方、山梨県の男性はなかなかの恋愛上手。女性にもマメですが、飽きっぽいところがあるので要注意。経済感覚のある女性が好みです。

山梨の女性は、明るく天真爛漫に見えて、その実は現実主義者で経済観念も発達しています。けっこうミーハーで流行遅れを気にします。見かけ以上に女らしさを気にする人が多いのが特徴です。

恋愛に対しては、非常にロマンチックな考え方をもっていますが、執着心も強いので、恋愛は長続きする傾向があります。生活力のある男性が好みです。

出世については差があります。静岡県は社長輩出率が32位で、エリート官僚輩出率が45位と低調。一方の山梨県は、社長輩出率2位、そしてエリート官僚輩出率は27位ですから、静岡を大きく引き離しています。

山梨といえば甲州商人。かつて全国を股にかけて成功を収めました。山梨県民の気質を表す「メチャカモン」は、金に細かい上、負けず嫌いで執念深いという意味ですが、これは成功を妬まれたため。

富士山や日蓮宗の総本山、身延山久遠寺があり、信心深さに由来する真面目さがビジネスでの成功に結びついたと考えられます。

また、山が多く平坦地が少ないため、次男、三男は首都圏へ出て行かなければならないという事情もありました。

【名物自慢】めんどくさがりの「静岡おでん」

労を厭《いと》わずに商売で成功する山梨県民とは対象的に、「めんどくさがり」という特質を持つのが静岡県民。

そんな県民性から生まれた名物が「静岡おでん」です。静岡おでんの特徴は、つゆが真っ黒なことと、すべての具が串に刺さっていること。

つゆが黒いのは、つぎ足しつぎ足しで作っているから。これは、秘伝の味がどうとか、熟成させてどうとかいう話ではなく、単純にめんどくさいからではないかと思われます。串に刺すのも、そのほうがなにかと面倒が省けるからでしょう。

静岡おでんに欠かせないのが「黒はんぺん」です。これもまた**めんどくさがり**の賜物のような食べ物です。

黒はんぺんの原料は、鯖や鰺、鰯などの青魚。黒というより、灰色っぽい色で半円状の形をしています。

一般的に、はんぺんといえば白身魚のすり身に卵白などを混ぜた四角い「白はんぺん」が主流です。それに対して、黒はんぺんは新鮮な青魚の頭とはらわただけ除いて、骨まで入っています。ですから、カルシウムやＤＨＡがたっぷりで栄養価の高い健康食品だと言えます。まあそれは結果論であって、骨を取り除くのが面倒だったからだと私は思っています。

半円状の形は成形が面倒なので、お椀のフタを利用して作ったことに由来します。とにかくめんどくさがりが作るとこうなったという食べ物なのです。

牛すじを入れること、青海苔やだし粉をつけて食べるのも静岡おでんの特徴です。

【名物自慢】移住民増えるも閉鎖的な山梨県民

「移住希望地域ランキング」（認定NPO法人ふるさと回帰支援センター）で、毎年ナンバーワンを争っているのが山梨県と長野県です。自然豊かな場所というのが人気のポイントでしょうが、それ以外にも災害が少ない、都会に行きやすい、インフラが整備されている、近くに医療施設があるといったニーズを掴んでいるのでしょう。

しかし、そうした移住希望者の思いとは裏腹に、意外と閉鎖的なのが山梨県民の気質なのです。

それを端的に物語っているのが「無尽」という仕組みです。

無尽は江戸時代に広まった、庶民の互助的金融組織「無尽講」を起源とする仲間の集まりのこと。掛け金を持ち寄り、入札や抽選で金を融通し合います。

全国レベルでは、社会の近代化とともに廃れた地域が多いのですが、山梨では現在もなお同業同窓や隣人らが、食事をしながら交流する場として、原則月1回、開かれています。

選挙の際には、票田として機能するため、100組以上かけもちする議員もいるといいます。しかし、都市化や高齢化が進み、徐々に数は減ってきています。

山梨県の居酒屋や寿司屋などに行くと、壁に「無尽・宴会承ります」と書いてあることが少なくありません。

形態としては「ゴルフ無尽」や「旅行無尽」などに変わっていき、1人がいくつもの無尽に入っているケースもあります。

よく言えば、「異業種交流会」であり、無尽で仕事を回し合ったり、情報交換をする場として活用しています。しかし、無尽は途中から参加することができないのです。つまり、よそものは入ることができない。

かつて武田信玄は「他国の女と結婚するな」と命じましたが、無尽も「山梨はよそものを寄せ付けない」という閉鎖性につながっているのです。

第4章

岩手 vs 宮城

対立の原因は伊達藩の〝フライング疑惑〟

静岡県と山梨県は決まっていない境界線をめぐって対立をしていますが、境界線を決めたときの「不正」をめぐって380年近くもわだかまりが残っているのが宮城県と岩手県です。

かつて岩手県域は北部が南部藩（ややこしいですが）、南部が伊達藩でした。南部藩と伊達藩の境界線が不明瞭だったことが原因で、50余年も紛争が続いたといわれています。

ようやく江戸時代の1641（寛永18）年になって、幕府老中の立ち会いの下、120基以上の藩境塚が建てられることになりました。この境界の定め方が、またまた禍根を残すことになってしまうのです。

普通は、山や川が境界線になるケースが多いのですが、武力衝突の結果によって人為的に決めることも少なくありません。

徳川の世になって、南部藩と伊達藩が戦をするのは愚かだとして、平和的な決め方を考え出しました。それは、双方の城から同時刻に馬を出発させ、馬が出会ったところを藩境にしようという案。そうしようということで申し合わせました。

その結果、馬が出会ったのは、今の北上市内にある藩境塚の地点でした。

地図を見てもらうとわかりますが、城と城との距離は147キロ。南部藩の盛岡城から北上までは42キロしかなく、伊達藩の青葉城から北上までは105キロもあります。

仮に同じスピードで走ったら、一関辺りで出会ったはずですから、これは伊達藩の馬の方がめちゃくちゃ速かったことになります。

決まったものの、どうにも腑に落ちなかったのが南部藩です。南部藩のあちこちに「戸」という字のついた地名がありますが、これは牧場という意味。

南部藩は軍馬養成の地として有名だったのです。それが伊達藩の馬にこれほど差をつけられるはずがない。

後日、密偵を放って調べたところ、伊達藩は約束の時間よりずっと早く馬を出発させていたことがわかったと言います。

この事件のせいで、南部藩と伊達藩の境界線がスッキリするどころか、これまで以上に仲が悪くなってしまいました。

もっともこれは南部藩サイドに伝わっているエピソードです。「フライング」という不正疑惑をかけられた伊達藩サイドには別の説が伝わっています。

いわく、**「南部の殿様は午《ウマ》を牛《ウシ》と読み間違えて、牛に乗ってきたために遅かった」**と。

もっともこれは、伊達藩がお人好しの南部藩をからかったものだと思われます。

さて、こうして定めた境界線ですが、現在の岩手・宮城の県境とは違います。

現在の県境は一関までが岩手県、まさに本来、馬が出会うべき辺りが境界になっているのです。

これは、幕末から維新にかけて勃発した内戦「戊辰戦争」で、奥羽越列藩同盟のリーダーだった伊達藩が敗戦後の処理で国力を奪われたため。

結果的に岩手県に編入された伊達領（県南部）ですが、言葉や文化の違いもあり確執が残りました。その影響は現代でも拭い去ることができないほどです。

もしもフライングがなければ、県境はほぼ現在の状態だったわけですから、両県の確執も、岩手県内の県北と県南の反目もなかったかもしれません。

岩手県民と宮城県民の気質と恋愛観

岩手県民の気質は、３つの地域（内陸北部、内陸南部、沿岸部）によってそれぞれ違いがあります。

内陸北部（盛岡、花巻、遠野、北上、二戸など）の男性は、口数は少なく消極的で引っ込み思案な上、けっこう頑固。保守的で見栄っ張りなところもあります。でも、とにかく真面目で優しく人がいい。慎重で計画的なので衝動買いなどもしません。

恋愛も慎重ですが、嫉妬深く、独占欲の強いところがあります。でも、根が真面目なので二股をかけることもしません。辛抱強いタイプの女性が好みです。

一方、内陸北部の女性はというと、真面目なしっかり者タイプが多いです。何事にも慎重で、控えめな性格。落ち着いているため、若いときは実際の年齢より年上に見られがちかも。

恋愛にも慎重で、割り切ることはないから、遊びの対象にはなりません。男性の好みは年上志向の傾向があります。

内陸南部（奥州、一関など）の男性は、東北随一の大藩だった伊達藩の地だけに、北部に比べプライドが高い人が多いのが特徴。何事にも積極的で、世渡り上手。明るく駆け引きにも長けていて商人体質があります。中には一攫千金を目指すタイプの人もいます。

恋愛も同様に、積極的で駆け引き上手。元気で活発な女性が好みです。

女性も活発な行動派が多いのが、特徴です。元気で遊び心もあります。東北の中では珍しく奔放な性格で、淡泊なところもありますが、友情には厚いです。

恋愛にも積極的で、おおらかで元気な男性が好みです。

沿岸部（久慈、宮古、釜石、大船渡、陸前高田など）の男性は、気さくで気分屋。細かいことなど気にしないし、何事にも淡泊。新しいもの好きですが、やや熱しやすく冷めやすいところも。お金にはおおざっぱで衝動買いも多いです。

恋愛には積極的ですが、移り気なところがあります。女性に対してはストライクゾーンが広い傾向があります。

女性は、フランクで情熱的。行動力もあります。調子がよく誰とでも合わせられるのが強みです。熱しやすく冷めやすいところがありますが、流行にも関心が高いようです。

宮城県民は、あまり県内での地域の差はないようです。

男性は忍耐強く人当たりがいいタイプ。のんびり屋で慎重。そのため、ややファイト不足に見える傾向があります。自分本位の面があり、人の意見に耳を貸さず、自分の意見を頑強に押し通そうとする一面も。

恋愛には意外と積極的で、面食いタイプが多いのが特徴。かわいくて従順な女性が好みです。思いこんだら命がけですが、冷めると極めて冷たくなる傾向があります。基本的には女性には優しいと言えるでしょう。

宮城県の女性は物腰や態度も柔らかく、どこか落ち着いた感じに見えます。伝統的な価値観がそうさせるようです。楽天家で、おおらかな性格の女性が多く、男性に比べ明るく元気で積極的です。どこかスキがあるように感じさせるところが、愛嬌になっています。若い時は流行に敏感ですが、キャリアを積むと悟ったかのように流されなくなります。飲み会やカラオケなどでは思い切り盛り上がるタイプが多いです。

ただし、恋愛には慎重なので、よほど信頼関係がないと恋愛にまで発展しません。頼れる男性が好みです。

出世については、岩手県の社長輩出率が22位で宮城県は35位。エリート官僚輩出率は岩手県が11位で、宮城県が34位。こちらは岩手県が優勢です。

【名物自慢】「巨乳の産地」岩手県

岩手県は「巨乳の産地」です。少し古いデータですが、17歳女性の胸囲日本一は岩手県です（1994年文部省。以後は、胸囲のデータ発表がなくなりました）。余談ながら、AV女優の出身地も、岩手県青森県、秋田県出身者が多いといわれています。

なぜ岩手県の女性に胸の大きい人が多いのでしょうか。一つの有力な仮説が、豆腐です。実は、**「豆腐が乳に効く」**というのは芸能界など、一部の業界では定説になっているのだそうです。

盛岡市の人は、実によく豆腐を食べます。年間、世帯当たり大豆加工品の購入金額は1万6629円で、これは全国ナンバーワンです（「家計調査」2015〜2017年

平均　総務省）。

実際、岩手県には「寄せ豆腐」をはじめ、豆腐を使った「ぬっぺい汁（のっぺい汁）」、豆腐にニンニクみそを塗って焼く「みそ田楽」や、豆腐や野菜をさいの目にして煮立てた「しゃべとこ汁」、「どんこ汁」などの郷土料理が多くあります。岩手はまさに豆腐王国なのです。

岩手県の人が豆腐をよく食べるのは、昔、馬の生産が盛んだった頃に、飼料として大豆が作られていたことが影響しているようです。そのため、昔は自家製豆腐で、田楽にする場合は田楽用の、煮物の場合は煮物用の豆腐を作っていたと言います。

【名物自慢】観光客向けに作られた「わんこそば」

わんこそばは、そばを食べ終わるや否や、給仕の威勢のよい掛け声とともに、一口大のそばがお椀に放り込まれ、客がお椀の中のそばを食べきってフタを閉じ、終了の意思表示をするまで続くという岩手の名物。テレビなどで見たことがある方も多いのではないでしょうか。

しかし、のんびりとした岩手県民と、慌ただしい「わんこそば」とが私にはどうしてもつながりません。ずっと疑問に思っていました。

わんこそばの発祥については諸説あるようです。南部家第27代当主・南部利直が江戸に上る途中で花巻に立ち寄ったとき、郷土名産のそばを食べました。利直はその風味を大変気に入って、何度もおかわりをしたのだとか。その際、そばをお椀に盛っていたところから「わんこそば」といわれるようになったという説が有力です。

最初の頃のわんこそばは、お椀を重ねて大食いを競うことも、立って給仕することもなかったようで、ゆっくり、じっくり、そばを味わったらしいのです。なるほど、それなら県民性ともピッタリで、納得できる話です。

１９５７年に、花巻市で「わんこ相撲冬場所」が開催され、全国から参加者が集まり何杯食べられるかの競争が行われました。これがきっかけとなり、主に旅行者相手のパフォーマンスとして、今のようなわんこそばが定着したといわれています。

【名物自慢】逆輸入で広まった「仙台の牛タン」

今やどこでも食べられるようになった「牛タン焼き」ですが、発祥の地は宮城県の仙台です。

戦後の食糧難時代、タン・シチューをヒントに、塩、コショウで下味を付けた牛タンを炭火で焼く方法を考え出したのが、仙台の牛タン専門店「味太助」の先代のご主人・佐野敬四郎さん。

この佐野啓四郎さん、実は山形県西里村（現河北町）の出身です。つまり、「仙台名物牛タン焼き」は、山形県出身者の考案で、仙台から始まったのでした。

今でこそ全国区になった牛タン焼きですが、仙台の郷土料理として知られるようになったのは昭和50年代の終わり頃だといいますから、歴史としてはそう古いものではありません。

仙台商工会議所から先代のご主人に「郷土料理として、そちらの牛タン焼きを売り出したいのでぜひ協力してほしい」と要請があり、そこからはトントン拍子、あっという間に「仙台は牛タンの町」として知られるようになったのだそうです。

この牛タン焼きは、東北新幹線開業以降、東京から来たビジネスパーソンを介して東京で評判になり、雑誌やテレビが取り上げるようになって、全国に広まっていきました。

ところが、当の発祥の地・仙台では、新しいものに慎重な人が多いため、食わず嫌いで人気が伸び悩んでいたのだとか。東京の人たちが喜んで食べているというのを聞いて、仙台の人たちも食べるように。


つまり「逆輸入」されて、それから好きになった人も多かったようです。

【名物自慢】地元の福の神「仙台四郎」

仙台四郎は、明治時代に仙台市に実在した人物です。知的障害があり、当時は容赦なく「バカ」と呼ばれていたようです。

諸説ありますが、子どもの頃の事故で、知能の発達が遅れたともいわれています。

最初の頃は、他人の店にぶらりと現れて、愛想の良い笑顔を振りまいて帰って行くだけだったそうです。その後、ほうきが立てかけてあれば、勝手に店の前を掃いたり、店先に柄杓を入れたままの水桶があれば水をまいたり、ある時などは、店の主人に「怖い顔をしないで笑って下さい」と言ったこともあるのだとか。

そのうち、「仙台四郎さんがやって来た店は、繁盛する」と評判になって、どの店からも無料で飲食を提供されるなど、手厚くもてなされるようになったといいます（実際は家人が後から代金を支払って回ったとも）。

何も考えていないような四郎さんですが、行きたくないと思った店には、どんなに誘われても頑として行かなかったといいます。

四郎さんは１９０２（明治35）年頃、40代後半の若さで亡くなりましたが、それから20年ほどたった大正期に、ある写真館が四郎さんの写真を、「明治福の神（仙臺四郎君）」と称して発売しました。

すると、戦争によって乱高下する景気状況もあってこれが大ヒット。四郎さんはすっかり「福の神」と呼ばれて仙台の町であがめられるようになりました。

宮城県の中でも、とくに仙台の人は伊達藩の中心というプライドが高く、気配りやおもてなしといった処世術が苦手。

そのためか、仙台の小売店や飲食店には、必ずといっていいほど、仙台四郎さんの写真が飾ってあります。

私も20年ほど前に、仙台の飲食店のご主人から写真をいただき、今でも事務所に飾っています。

仙台でほうきが立てかけてあったり、水桶が置いてあったりする店はおもてなしの意識ある店といってよいでしょう。

笑顔も同様で、仙台四郎さんが仙台の街におもてなしの心を植え付けてくれたのかもしれません。

第5章

鳥取 vs 島根

「どっちがどっち?」から「どっちもどっち」へ

右が鳥取、左が島根――いくら字面が似ているからといって、「ヒラメとカレイ」じゃあるまいし、左右で判別するのはやめてほしい。両県の切なる願いです。

そうは言っても、人口57万5000人で全国最少の鳥取県と、69万6000人で下から2番目の島根県という2県ですから、馴染みのない地方の人々にとっては、「どっちがどっち?」となるのは仕方ないところ。

いつまでたっても、全国の人たちから覚えてもらえず、間違えられる。そんなことが繰り返されていれば、両県民が「一緒にしないで」と、お互いに意識するのは当然のことでしょう。

『週刊ダイヤモンド』で、「ライバル意識率」を調査したところ、鳥取・島根両県民は全国的にも突出した86%という高率でお互いをライバル視していることが判明しました。

これは全国1万人を対象にした意識調査で、「ここには負けたくない」と思うライバルの都道府県を一つ聞き、その割合を算出したもの。

ここまで本書で紹介してきた「犬猿県」はいずれも「ライバル意識率」が高いのですが、お互いにお互いだけを意識するという「2県ガチンコ」は鳥取・島根の両県をおいて他にありません。絶対に負けられない県が隣にいるのです。

そんな事情があるのに、この2県を一緒くたにしてしまったのが「合区」問題です。国政選挙が行われるたびに、「1票の格差」が違憲ではないかと裁判所で争われ、明確に違憲であると示されてきました。２０１６（平成28）年の参議院選挙で、その改善策として採用されたのが、都道府県単位だった選挙区を、鳥取県と島根県、徳島県と高知県のそれぞれについてひとまとめにするというものでした。

理屈としては理解できても、当該の県民にとっては悲しくも寂しくも感じられる出来事だったでしょう。ましてや「ライバル意識率」の高い鳥取・島根にとっては、他ならぬ国に一緒にされたというショックが大きかったと思われます。

しかし、そんな鬱々とした気分をスッキリさせようと、両県ともに頑張っています。

島根県は２０１１年から自虐カレンダーを発売しています。これは、人気アニメ『秘密結社鷹の爪』とのコラボで製作したもの。

テレビの情報番組でも取り上げられヒット企画になりました。

卓上用の「島根スーパー・デラックス自虐カレンダー2018」には、自虐キャッチコピーが並びます。

「日本で47番目に有名な県」

「世界遺産があると言っても、信じてもらえない」

「いいえ、砂丘はありません」

「島根か鳥取か分からないけど、そこら辺に行きました」

「妖怪が多いのが鳥取です。神様が多いのが島根です」

「島根は日本の領土です」

「どんなに、おいしくても行列ができません」

「人はいませんが……神様はたくさんいますよ」

「今でしょ！がいまだに流れない」

「また来るぜと言っていたバンドが二度と来ない」

といった調子です。

さらに2018年版の壁掛け用では、「島根と鳥取ダブル自虐カレンダー」と、ライバルと一緒に「どっちもどっち」という自虐ネタで盛り上げています。両県の関係も新たな段階を迎えているのかもしれません。

もう一つ明るい話は観光です。島根県は、2014年に、出雲大社「平成の大遷宮」効果の平静化による減はありましたが、観光客は県全体で3320万人。うち県外客は2600万人で、年間観光消費額は約1367億円（うち、県外からの宿泊客によるものは約643億円）と推計、外国人観光客数は約2万9600人でした。

これまで、アジアからの観光客は「ベタ」な観光地やレジャー施設を目当てにやってきていました。

近年ではその流れが少し変わって、「日本のふるさと」と呼ばれる地域への体験型の旅行が注目されるようになりました。

今まで以上に、山陰地方の「地味さ」と、鳥取・島根のライバル意識が武器になっていくことでしょう。

過去の合併と新たな合併話

実は鳥取県と島根県は過去に一つの県だったことがあります。

廃藩置県の第二次府県統合の時、鳥取県は島根県に併合され、鳥取がこの世から消えた時期があったのです。

県庁をはじめ主だった役所は、松江市に移されました。鳥取は東西におよそ200キロメートル、島根県は300キロメートルあります。

当時はまだ山陰本線もなく、もちろんインターネットもない時代ですから、東端や西端に近い地域から松江市まで行くのは大変だったそうです。

結果的に、中央の松江は発展しましたが、鳥取県の東よりにあった鳥取市はさびれていきました。

これではいけないということで、地元の有志や旧士族が立ち上がって「鳥取県再置運動」を行い、明治政府に働きかけて再び2つの県になりました。

鳥取県と島根県が犬猿の仲なのは、そんな歴史もあってのことなのです。

時は流れて平成の終わり。

日本は２０１０（平成22）年から、「人口減少時代」に入りました。どこも突然、爆発的に人口が増えるとか、工場が建つということは考え難いのが現実です。

鳥取県の人口は全国47番目、島根県は46番目。このまま何もしないでいると、医師や看護職員の不足、さらに水道の老朽管問題が待ちかねているのです。

対策として考えられることは、島根と鳥取が再び合併して、一つの県になることです。現実に過去一つの県だったこともあります。中間にある松江を中心に運営するモデルは何事も想定できる範囲内でしょう。

もし2県が合併すると、人口は１２７万人を超え、岩手県の１２７・７万人の次、33位にジャンプアップします。

ただ、問題なのは横に長くなりすぎること。インターネットの時代ですから、昔と違ってわざわざ松江に行かなくてもいいとは思いますが、一緒になるとすれば、物理的な距離の問題は、そう簡単に解決はできないかもしれません。県都は松江でいいのか？　そこからの分裂騒動……歴史の蒸し返しになる可能性があります。

ここで発想の転換をしてみます。東西の合併でなく、南北に合併するのはどうでしょうか。
岡山県と鳥取県、広島県と島根県という2組の合併です。これなら、新しい県の形はバランスのいい正方形に近づきます。鳥取・島根が抱える人口が少ないことに端を発する諸問題の解決にはもってこいです。しかし、逆にいうと岡山県と広島県にとっては過疎地の負担が増えるという話ですので、なかなか乗りにくい話ではありますが。

鳥取県民と島根県民の気質と恋愛観

わかりにくい、間違いやすい、覚える気にならないといわれる鳥取県と島根県ですので、この際、県内の地域と県民性も含めて、いっぺんに覚えてしまいましょう。

2県のうち東側、つまり兵庫県側、岡山県の北にあるのが鳥取県です。鳥取をさらに東西で分けると東部の因幡（鳥取市など）と、西部の伯耆《ほうき》（米子市、境港市、倉吉市など）に分けられます。

2県のうち西側、つまり山口県側、広島県の北にあるのが島根県です。島根をさらに東西で分けると東部の出雲（松江、安来、出雲など）と、西部の石見（大田、江津、浜田、益田など）に分けることができます。

因幡（鳥取県東部）の男性は誠実ですが、地味で目立たない内向的なタイプが多いです。生活も堅実です。

恋愛にも消極的で、愛情表現が上手ではないテレ屋。ただし、ひとたび燃えると誠意をもって尽くすロマンチストが多い。しっかりものの女性が好み。

女性も真面目で辛抱強い努力家タイプが多く、生活は堅実。流行に関心は薄く、ファッションは自分に似合うものを買うスタイル。恋愛に関しても慎重。遊びと割り切ることもありません。真面目で堅実な男性が好み。

伯耆（鳥取県西部）の男性は、経済観念が発達した人が多いです。因幡に比べるとフランクで、庶民的な雰囲気です。

恋愛に関しても積極的。気さくでつきあいやすいですが、移り気なところもあります。元気でかわいい女性が好み。

伯耆の女性は、懐が深く、タフで芯が強い。感覚的に鋭いところがある人が多い。男性に比べて明るく活動的。経済観念も発達しています。

恋愛面では親しくなるのに時間がかかります。生活力のある男性が好み。

出雲（島根県東部）の男性は、真面目で勤勉で我慢強いですが、引っ込み思案で消極的なところがあります。見栄っ張りでもあります。保守的なので、新しいものは苦手。

恋愛は、うち解けるまでに時間がかかります。真面目な努力家だけに、恋愛も一途で誠実。控えめな女性が好み。

出雲の女性は真面目で、控えめで辛抱強いタイプが多いです。何事にも慎重なので、流行にも安易に流されることはありません。道徳的なのでギャンブルにも厳しい。

恋愛にも慎重で、親しくなるのに時間がかかります。やはり堅実な男性が好み。

石見（島根県西部）の男性は、古くから出稼ぎが盛んな上、行商や漁業で他の地域との交流が盛んだったため、行動力のある人が多いです。明るく単純明快で歯切れがよく性格もさっぱり。隠岐《おき》（島）の人は、とっつきが悪いところはありますが、素朴で親切な人が多いです。

恋愛にも積極的ですが、移り気なところがあります。元気で活発な女性が好み。石見の女性は調子がよく愛想もいい活発な人が多いです。見かけ以上にタフで芯が強いのが特徴。恋愛でもフランクにつきあうので、親しくなるまでに時間はかかりません。どちらかというと年下好き。

出世の見込みは、社長輩出率は鳥取県の22位に対して島根県が5位、エリート官僚輩出率は鳥取県が11位で、島根県は8位。ともにとても優秀ですが、両方シングル順位の島根が圧勝です。

【名物自慢】スタバ後進県でもコーヒー好きな鳥取県

「スタバはないけど日本一のスナバ（砂丘）はある」という平井鳥取県知事のダジャレが話題を呼んだのをご記憶の方もいるでしょう。その後、島根県にスターバックスが出店し、一時、日本で唯一のスタバがない県になりました。

そこで、鳥取県内に地元企業がオープンさせたのが『すなば珈琲』。話題性も手伝って地元では知名度抜群、繁盛しているようです。

総務省の家計調査を見ると、鳥取市の1世帯あたりのコーヒー購入量が全国2位（ちなみに1位は京都市）だったこともあるほど、コーヒー好きな土地柄です。

地元の人に聞いてみると、鳥取の大火（１９５２年）が影響しているのだそうです。これは、鳥取駅にあった市営動源温泉付近から出火し、折からのフェーン現象にあおられて、焼失面積は約１６０ヘクタールに及び、個人の家屋だけでも５２２８戸が焼けました。死者は２人、罹災者は２万人を超えました。

この時、米軍から救援物資として食材と一緒に入ってきたのが砂糖とミルク付きのインスタントコーヒーで、それが人々の心を大いに癒やしてくれたのだそうです。

【名物自慢】江戸時代から伝わる「豆腐ちくわ」

豆腐ちくわは鳥取県内でも鳥取市でのみ製造されています。いつごろからあったのかについては詳しい文献がないためわかりません。江戸時代末期にはすでに食べられていたそうです。

岡山城の城主であった池田光仲が、転封（左遷）になり1648（慶安元）年に鳥取城に入城した時、領民に豆腐食を奨励したことがきっかけになっていると思われます。江戸中期には、すった豆腐を棒状にして細い竹につけ、加熱処理した「ちくわ豆腐」が登場しています。

そのころの鳥取藩は財政が貧しく、庶民の生活も質素倹約が強いられていました。よい漁港が少なく漁獲高も少なかったことから、魚を食べることが贅沢とされていました。ほんの少しの魚も無駄にしないためにと考え出されたのが豆腐との混ぜ合わせだったのです。

山村の多い鳥取では田んぼの畦に大豆が栽培され、豆腐の消費は比較的多かったことから豆腐を利用した食品として考えられたものと思われます。まさに質素倹約生活の中から生まれた食品と言えます。

因幡は真面目な人が多く、かつ、タテ人脈の地域だけに、殿様の奨励通りに豆腐ちくわが広まっていったのでしょう。

【名物自慢】神話「因幡の白兎」から名物をねん出!?

現在でこそ存在感がないなどといわれる鳥取県ですが、日本が生まれた神話の時代には中心的な土地でした。

出雲神話に「因幡《いなば》の白兎」があります。どうして、日本の因幡にワニがいるのでしょうか? 地元の人に聞くと「こっちでは、鮫のことを鰐と言うのです」と。本来、ワニは日本語では、サメの呼び名のひとつであり、現在も地方によってはこの古称が残っているのです。

しかし、それでもまだわからないのが、陸上の動物であるウサギが、海の生き物のサメを騙して、川を渡るという点。

ただ、「因幡の白兎」とよく似た話は、インドや東南アジアにはたくさんあります。そちらにはワニがいても不思議ではありません。

はたして、この伝説は日本以外の国から伝わったものなのか、あるいはワニではなくサメのことなのか。いつの日かわかる日が来るのでしょうか。

【名物自慢】京都・金沢と並ぶ菓子どころ・松江

松江は京都、金沢と並び、菓子処として名高いところ。今なお、城下町の風情を色濃く残す街には和菓子の名店が多く、松江市民の生活に和菓子とお茶は切っても切れないものとなっています。

これは松江藩7代目藩主松平治郷の影響です。松平治郷は江戸時代の代表的茶人の一人です。１７６７（明治４）年、父の隠居により家督を継ぎます。この頃、松江藩は財政が破綻して周囲では、恐らく滅亡するだろうと囁かれるほどでした。治郷は家老の朝日茂保とともに藩政改革に乗り出します。その結果、藩の財政改革は成功するのですが、治郷が高価な茶器を大量に購入してしまいます。このため、藩の財政は藩主の道楽で一気に悪化してしまったといわれているのです。

政治家としての治郷の評価は低いですが、一説には財政を再建して裕福になったことを、幕府から警戒されることを恐れて、あえて道楽者を演じていたともいわれています。保守的な出雲の人は改革が苦手だから、口出ししなかったのはわかります。また、見栄っ張りだから高価な茶器の購入も頷けます。

でも、加賀百万石の前田氏も「うつけ者」を演じたことを考えると、私は治郷も道楽者を演じたのではないかと思います。

【名物自慢】島根・「石見銀山」のコバンザメ商法

石見銀山は、主として戦国時代後期から江戸時代前期にかけて採掘された日本最大の銀山です。２００７（平成19）年には、ユネスコの世界文化遺産への登録が決定しました。

江戸に幕府を開いた徳川家康は、全国の都市や鉱山を直轄地としました。石見銀山もその対象となります。

その目的は、全国の貨幣を統一することにありました。それには、鉱山の掌握が非常に重要だったのです。以来２６０年間、石見銀山は幕府の直轄領として支配されてきました。

石見銀山とは別ですが、同じ石見国にあった旧笹ヶ谷鉱山（津和野町）では、銅を採掘する際に、砒石と呼ばれる黒灰色の鉱石も同時に産出されました。

この砒石は猛毒である砒素化合物を大量に含んでおり、これを細かく砕いたものを殺鼠剤として利用したのです。

この殺鼠剤は、商標として「石見銀山ねずみ捕り」と称して売られました。石見銀山で砒石は採れませんでしたから、本当は無関係なのですが、販売上の戦略から、全国的に知れ渡った銀山名をブランドとして使ったのです。

この毒薬「石見銀山」は、落語・歌舞伎・怪談などにも登場するので、ご存知の方もいるでしょう。

現在でも、つくば市ではないのに、「つくば○○工業団地」など、知名度の高さにあやかる商売はよくあり、「コバンザメ商法」と呼ばれます。

江戸時代からすでにコバンザメ商法をやっていたとは、さすがに積極的な石見の人たちだと感心します。

第6章

熊本 vs 鹿児島

かつては九州の中心だった熊本と鹿児島

これまでの「犬猿県」は、地位を争うライバルのパターンと、歴史的な出来事に端を発する「恨み」のパターンがありました。

熊本県と鹿児島県の場合は、その両方が絡み合った「複合的パターン」だといえます。

現在、「九州の中心的な都市はどこですか？」と問われれば、福岡市という答えが圧倒的多数でしょう。古来、大宰府が置かれ、良港に恵まれてアジアとの玄関口だった博多は重要な拠点ではありました。ただ、福岡市より早く発展したのは、関門海峡と筑豊炭田、製鉄で栄えた北九州市でした。炭鉱の没落によって福岡市が九州の中心へと導かれたのは、新幹線の終着駅という利便性によってビジネス街として発展したからでした。

北九州市であれ福岡市であれ、福岡県が九州の中心地と目されるようになったのは第二次世界大戦後の話です。明治期から第二次大戦前まで、九州の中心地は熊本でした。

その理由の一つに九州という大きなエリアの中で、熊本県はまさに中心に位置していたことが挙げられます。明治維新の頃、それまでの各藩に代わって、日本全国を実効支配するためには、官軍の出先機関を効果的に配備する必要がありました。そのため、九州の中心にあった熊本に鎮台と呼ばれる大部隊が設けられたのでした。

立地の問題だけでなく、明治維新で中央集権の仕組みを作り直すにあたって、熊本が「九州の都」にふさわしいという判断も当然あったのでしょう。

土や水に恵まれて生産力が高い上に、江戸時代には細川家による安定した内政がしかれた雄藩で、城下町も栄えていました。

さらに歴史をさかのぼると、九州には雄藩の名をほしいままにした藩があります。それが現在の鹿児島県、島津家の「薩摩藩」でした。

島津家は、初代島津忠久が源頼朝に薩摩国・大隅国・日向国の守護職を命じられてから明治の廃藩置県まで、南九州を中心に勢力を維持してきました。

とくに明治維新の英雄、西郷隆盛・大久保利通らを輩出し、長州藩とともに明治新政府において強大な権力を持ちました。その時点では、鹿児島が九州の中心、ある意味では日本の中心であったのです。

ですから、現在の「福岡県中心の九州」に対しては、熊本県民も鹿児島県民も共通し

て面白くないという思いがあります。と同時に、「福岡は別としても、熊本だけには負けたくない」「鹿児島だけには勝ちたい」という思いも強いのです。

現在の人口を比べると、熊本県の180万人に対して、鹿児島県は167万人。どちらも1年間に1万人以上減少しているのですが、かなりの接戦を繰り広げていると言えるでしょう。

子々孫々語り継がれる〝恨み節〟

「せごどん」こと西郷隆盛は、薩摩のヒーローです。やむにやまれず決起した日本最後の内戦「西南戦争」。賊軍の大将という汚名を着せられて非業の最期をとげたことも、西郷が同情を集める要因かもしれません。

西郷率いる薩軍は、官軍の鎮台が守る熊本城を襲います。その際、熊本城は天守まで焼かれてしまいます。その経緯については、官軍が焼いたという説もあり、議論が分かれていますが、少なくとも当時は「薩摩によって熊本城が焼かれた」ということになっていました。

またそれ以外にも熊本県内は各所が激戦区となりました。薩摩の蜂起によって戦火にさらされた熊本の人々が、薩摩に対して恨みを抱くのは当然のことでした。

一方、薩軍と戦った官軍は熊本城を拠点にしていましたから、薩摩の人々にすれば、「せごどん」は熊本と戦っているように見えたことでしょう。

どんなにひどい目にあったか、相手がどんなにひどいことをしたか。戦争で被った傷は、子々孫々へと語り継がれます。そのようにして、熊本と薩摩の「恨み」も引き継がれていったのです。

中央政府と三度戦った薩摩

薩摩が「中央の政府」と戦ったのは、これが初めてではありません。まずはじめは、「隼人《はやと》の反乱」があります。

これは、8世紀のはじめ、九州南部で暮らしていた隼人と呼ばれる人々が、律令制による中央集権を進めようとするヤマト朝廷に対して起こした反乱です。最後の戦いは1年以上にも及びましたが、最終的に隼人は敗れ、ヤマト朝廷に従うことになります。

次は島津家を中心とした九州の諸将と豊臣秀吉の戦い、いわゆる「九州平定」です。

1586（天正14）年、薩摩の島津義久は九州統一を目前にしていましたが、抵抗していた豊後の大友宗麟が豊臣秀吉に助けを求めます。関白だった秀吉は、島津と大友に停戦を命令しましたが、鎌倉時代以来の名門島津は、成り上がりの秀吉の命令を無視、大友への攻撃を続行します。それを受けて秀吉は九州攻めを決行。1年近くの戦いの末、島津は全面降伏しました。

天下統一を目指していた秀吉にしてみれば「平定」かもしれませんが、先にその土地を支配していた島津にしてみれば「侵略」以外のなにものでもありません。

こうしてみると、日本の歴史の中で、薩摩は「隼人の反乱」「九州平定」「西南戦争」と3度にわたって中央政府の圧倒的な力にあらがったことになります。

それは、九州最南端という地勢上の特質のおかげで防衛しやすく、簡単には制圧されなかったためでしょう。

中央政府との距離があまりにも遠かったため、恐れることを知らなかったのもありそうです。

その反骨精神ひとつをとっても、薩摩が独特な気質を持っていることがわかります。

江戸時代の生産力は熊本に軍配

鹿児島県のヒーローが「せごどん」なら、熊本県は「せいしょこさん」こと加藤清正です。

豊臣秀吉子飼いの家臣にして、数々の戦で武勲により出世し、熊本藩の初代藩主としてよい政治を行い、領民から愛されました。

清正が肥後国を統治していたのは、1588（天正16）年から1611（慶長16）年にかけてですが、その間にあった朝鮮出兵などの戦いをのぞけば、熊本にいて治世にあたったのは15年ほどです。

清正が入る前の肥後国は、地元の有力な武士たち（国人）がそれぞれに力を持ち一揆を起こすなど、まとめることができていませんでした。

しかし清正は得意の公共工事で彼らに仕事と報酬を与え、心を掴みます。

とくに、効果絶大だったのが、領域内を流れる４つの河川の治水工事でした。白川・坪井川、緑川、球磨川、菊池川の流れを変えたり堰を築いたりして、氾濫を防ぎ、新たに広大な田畑用地を作り出しました。

ほかにも熊本城を築いて城下町を整備し、道路や農業用水路を張り巡らせるなどして、領地の生産性を向上させました。

熊本藩は江戸時代を通じて一度も一揆が起きませんでした。農民、町民が豊かな暮らしをして、治安も安定していたのは清正が整備したインフラのおかげなのは間違いありません。

一方、江戸時代の薩摩藩は非常に苦しい運営を強いられていました。南九州は全国では類のないシラス地帯です。これは数万年前に噴出推積した火山灰土で、保湿性はゼロに等しく、不毛の地といっていいほどだからです。

これが鹿児島県本土のなんと52％を覆い、層は厚いところで百数十メートルにも達し、いわゆるシラス台地と呼ばれています。

稲作などとても無理で、農地として利用されだしたのは荒地でもなんとか育つカンショ（サツマイモ）が渡来した江戸中期以後のことでした。

それに加えて、南九州は台風銀座とも呼ばれるほど台風被害の頻発地帯です。毎年のように複数の台風が実りの秋を直撃しました。そのためシラス台地の周縁に、わずかに拓けた水田が壊滅状態になることも珍しくありません。

島津藩は公称77万石。天下第二の雄藩と称していましたが、実際はモミ高で、他藩のように玄米高にすると半分以下の30万石の経済力しかなかったといわれています。

薩摩藩は関ヶ原で負けた時点から約３００年もの間、「虚構の大藩」だったのです。

両県の断絶を生む〝言葉の壁〟

九州には大きく分けると3つの方言があるとされています。

1つは「肥筑《ひちく》方言」です。これは、熊本県をはじめ、大分県の一部（日田市周辺）、福岡県の西部（旧筑前国・筑後国）、佐賀県、長崎県といった、中部九州から北部九州地域で使われている方言をひとまとめにしたもの。

2つめは「豊日方言《ほうにち》」で、九州地方の福岡県東部（旧豊前国）、大分県のほとんどと、都城周辺をのぞくほとんどの宮崎県で使われている方言をいいます。

そして3つめが薩摩言葉とも呼ばれる「薩隅方言《さつぐう》」です。旧薩摩国と大隅国、つまり鹿児島県と宮崎県の一部（都城周辺）で使われているお国言葉です。

とくに薩隅方言は、イントネーションが独特で、ゆったりとした間のとり方、固有の語彙が多くあるため、隣接している熊本県とも大きく違っています。

言葉の違いは文化の違いですので、両県民が理解し合えなかった歴史とも大きく関係しているのです。

熊本県民と鹿児島県民の気質と恋愛観

熊本県の男性は昔から、「肥後もっこす」といわれます。これは、偏屈で頑固で、融

郵便はがき

お手数ですが
切手を
お貼りください

150-8482

東京都渋谷区恵比寿4-4-9
えびす大黒ビル
ワニブックス 書籍編集部

お買い求めいただいた本のタイトル

本書をお買い上げいただきまして、誠にありがとうございます。
本アンケートにお答えいただけたら幸いです。
ご返信いただいた方の中から、
抽選で毎月5名様に図書カード(1000円分)をプレゼントします。

ご住所 〒

TEL (　　　-　　　-　　　)

(ふりがな)
お名前

ご職業

年齢　　歳

性別　男・女

いただいたご感想を、新聞広告などに匿名で
使用してもよろしいですか?　(はい・いいえ)

※ご記入いただいた「個人情報」は、許可なく他の目的で使用することはありません。
※いただいたご感想は、一部内容を改変させていただく可能性があります。

●この本をどこでお知りになりましたか?(複数回答可)

1. 書店で実物を見て　　2. 知人にすすめられて
3. テレビで観た(番組名:　　　　)
4. ラジオで聴いた(番組名:　　　　)
5. 新聞・雑誌の書評や記事(紙・誌名:　　　　)
6. インターネットで(具体的に:　　　　)
7. 新聞広告(　　　　新聞)　　8. その他(　　　　)

●購入された動機は何ですか?(複数回答可)

1. タイトルにひかれた　　2. テーマに興味をもった
3. 装丁・デザインにひかれた　　4. 広告や書評にひかれた
5. その他(　　　　)

●この本で特に良かったページはありますか?

[　　　　]

●最近気になる人や話題はありますか?

[　　　　]

●この本についてのご意見・ご感想をお書きください。

[　　　　]

以上となります。ご協力ありがとうございました。

通がきかないという意味ですが、けっこう気の小さいところもあります。

気性は激しく、短気で強情。男っぽい「九州男児」のイメージそのもの。競争心が強く、恥やメンツにこだわる人が多いです。

土地が豊かで、冒険する必要がなかったため考え方は保守的ですが、意外に新しいもの好きな一面があります。

八代は鷹揚、人吉は異風者（いひゅうもん・熊本弁で「変わり者」）タイプが多いです。

恋愛面では、熊本の男性は控えめな女性が好み。情熱的なので、その気になると猪突猛進してきます。ただし、移り気なところがあります。

熊本の女性は、伝統的に忍耐強さが特徴でしたが、最近は自立志向型のタイプが増えています。これは男尊女卑の反動だと考えられます。また、ファッションなどの流行には敏感。男性と同じで、女性も頑固なところがあります。恋愛はマイペースで、スマートな男性が好み。

鹿児島の男性は、熱しやすく冷めやすいことから、よく「焼酎気質」といわれます。

かなり封建的な土地柄で、先輩が後輩の面倒をよくみたりする一方で、年長者の影響力が強かったり、男尊女卑の考え方が残っていたりします。

「お金は汚いもの」という考え方があり、金にはあまり執着しません。無愛想で口下手。テレ屋で、お世辞を言えないから、誤解されやすいですが、義理堅く、思いやりのあるやさしい人が多いです。

恋愛面では、陽気で表裏がなく、惚れると情熱的に口説きます。嫉妬深く独占欲が強いわりに、自分は移り気なところがあります。

鹿児島の女性は、男尊女卑の伝統から真面目で控えめな人が多いですが、表面はおとなしそうに見えても、芯は強いしっかり者。根性も据わっています。男性に比べ柔軟性もあり、包容力もあります。

恋愛には慎重で自分から告白するのは苦手です。でも、いったん恋をすると、とことん追いかけるタイプで、デートでは約束の時間に遅れた相手を、何時間でも待っている傾向があります。

出世は、社長輩出率が熊本県の27位に対して鹿児島県は17位、エリート官僚輩出率は熊本県の23位に対して鹿児島県は17位。野心家の薩摩気質が生きています。

ただし、離婚率は熊本県の28位に対して、鹿児島県は9位と高くなっています。

【名物自慢】「ふりかけ」文化発祥の地・熊本

子どものお弁当やおにぎりで大活躍してくれる「ふりかけ」。

そのルーツは熊本です。熊本で薬剤師をしていた吉丸末吉氏は、当時の日本人のカルシウム不足を補うため、何かいい方法はないかと考えていました。

ある日、小魚を乾燥させて粉末にし、それを調味してご飯にかけたら、おいしくて体にもいい食品になるのではないかと考えました。

そこで、小魚の粉末に青のりや煎りゴマなどを加えて、「御飯の友」というふりかけを開発して世に送り出しました。

それとは別の福岡県民で、当時、福島で食品販売業を営んでいた甲斐清一郎氏も、「是はうまい」というふりかけを考案しています。甲斐氏はこのふりかけを持って東京へ進出し、昭和2年荒川区で丸美屋食料品研究所を興します。

丸美屋食品工業は、後にふりかけの代名詞ともなる『のりたま』を発売し、ふりかけのトップメーカーとなっていきます。つまり、ふりかけは熊本発東京経由で全国に広まっていった食品なのです。

先にふれたように、熊本は保守的なところですが、意外に新しいもの好き。また、世のため人のためという社会貢献への意識が強い土地柄でもあります。

たとえば、献血に参加する県民が多く、献血率は長らく全国1位でした。

吉丸末吉氏が、ふりかけを考案したのは、薬剤師であったことに加え、当時の日本人のカルシウム不足を心配していた献身的精神があったからこそではないかと思います。

【名物自慢】鹿児島県民御用達の「しろくま」

鹿児島の名物のひとつが「白熊」。白熊といっても、むろん動物のシロクマではありません。鹿児島県の人なら知らない人はいない、かき氷の一種です。

ミルクと蜜や練乳をかけたかき氷に、いろいろなフルーツがのっているもの。といっても、氷の量もフルーツの量もハンパではありません。

元祖といわれる『天文館むじゃき』が白熊を店で出し始めたのは昭和20年代のこと。当時はミルク色の地にレーズンの飾りだけでした。上から見るとシロクマの顔に見えたため、「白熊」という名前をつけました。

評判は上々で、お客さんを喜ばせるために、年々派手になっていったそうです。私が白熊を初めて食べたのは今から30年以上も前のことでしたが、見た目も味も新鮮で、カルチャーショックを受けたのを覚えています。

鹿児島で白熊が生まれたのは、ひとつは鹿児島の夏の暑さのせいでしょう。近年は真夏の気温は全国的に上がっていますが、昔はそうではありませんでした。鹿児島の夏は、気温も湿度も他より高かったのです。だから、氷たっぷりでボリューム満点の白熊が好まれたのでしょう。

鹿児島の男性は照れ屋で、愛想もいいほうではなく、お世辞を言えるタイプでもありません。つまり、商売に向いている性格ではないのです。

だから、明治になってから警察官になった人が多いのです。

同様の理由で警察官が多かったのが茨城県民。そのため、当時の警察は「鹿児島警部に茨城巡査」といわれました。

前述したマックスコーヒーと白熊には共通点があります。甘い練乳です。

鹿児島と茨城は歴史上敵対関係にあるのですが、なぜか2県は、「練乳つながり」かつ「警察つながり」なのです。

第7章

広島 vs 岡山

中国地方の盟主に岡山が物言い！

「中国地方の盟主」といえば、もうすでに広島県で文句なしというのが世間一般の見方です。

ところが、それをまったく認めていない県がすぐ隣にいます。そう、岡山県です。

西日本の各地域の人々にとって、古来、政治・経済の中心地は近畿地方でした。

岡山県は中国地方でもっとも近畿の近くにあるので、それより遠くにある広島や山口、中国山地の向こう側にある鳥取や島根は外れにあるという意識が根本にあります。

実際、なぜ広島が中国地方の中心的存在になったのかは、わかりにくいところがあります。

平地の面積を比較すると広島よりも岡山の方が広いですし、中国地方の各都市とのアクセスという面でも岡山の方に利があります。

律令制がとられる前、岡山県域には「吉備国」と呼ばれる大国がありました。その後、備前、備中、広島県東部の備後に分けられ、さらに後になって備前から分割して美作国《みまさか》ができました。

岡山にとって残念だったのは、明治になって今の岡山県としてまとまるより前に、この広い平野をとりまとめる勢力が出なかったことです。

戦国時代には備前には宇喜多氏、備中と美作に尼子氏、備後に毛利氏が勢力を有します。

徳川時代になると、備前は岡山藩、美作は津山藩、美作西部から備中は松山藩などの小藩と直轄領が交錯する複雑な支配形態がとられます。倉敷には伊予、讃岐の直轄領をも管理する代官所が置かれたりしたのです。

一方の広島は、大化の改新後、安芸《あき》、備後の2国となり、平安時代に平氏が勢力を築きました。平氏滅亡後は毛利氏が入り、瀬戸内の海賊や土豪と結んで強大化。毛利一族は中国一円を支配下に置きました。

徳川時代には浅野氏が西部の広島藩主となり幕末に至ります。

維新後、東部の福山藩は一時岡山県に統合されますが1876（明治9）年に広島県に移され、現在の広島県の姿になりました。

広島県にとって大きかったのは、毛利氏によって県域が統一され、さらに中国地方の雄として領国を広げたという事実。

そして、明治期以降、海軍の拠点として軍港の街・呉が非常に栄えたことを挙げることができます。

現在の人口は、広島県の286万人に対して、岡山県は193万人と、93万人もの大差がついています。

それを考えれば同じ政令指定都市といえども、岡山市ではとても広島市にはかなわないように思えます。

道州制について検討があると、岡山県が必ず、「中国・四国州の州都にふさわしいのは岡山」と発言しますが、広島県にしてみればまったく相手にする必要がないと考えていることでしょう。

広島にしてみれば、岡山はライバルではなく、むしろ福岡県をライバル視しているようです。

岡山県の大逆転に秘策あり

しかし、広島県第2の都市、福山市の存在を考慮すると、広島県の足元は意外と盤石ではないと思えてきます。

先述したとおり、旧備後国に属していた福山藩は、一度は岡山県に属しました。もともと広島市より、岡山市のほうがずっと近くにあり、それが自然な姿だったはずですが、なぜか広島県に移されたのです。今となっては誰の意向で、そのような措置になったのか、経緯も理由もわかりません。

ただ言えるのは、福山市民がかなり親岡山県であり、意外と広島県への帰属意識が薄いということ。

もしも将来、何かのはずみで福山市が岡山県に戻ったりしたらどうなるでしょう。現在の福山市の人口は約46万人。広島県から46万人減って、岡山県が46万人増えると、その差が92万人縮まります。

つまり、両県の人口はほぼ同数になります。

もちろん、一つの市がまるまる県を移るということは現実的ではありません。ただ、大差がついてしまって、もはやどうすることもできないように見える両県の差ですが、実は歴史上のちょっとしたことで変わっていた可能性があった――それくらいの差でしかないとも言えるのです。

「怖そうな方言」ランキングでも拮抗

深作欣二監督の「仁義なき戦い」シリーズは、広島を舞台にしたいわゆる「ヤクザ映画」で、登場人物たちの広島弁が印象的です。こんなデータがありました。

Q・怒られたら怖そうな方言を教えてください（複数回答可）

A・1位　広島弁「おどりゃーワレがしたんじゃろうが知っとんでぇ」60・5％
2位　大阪弁「ワレやったんわかってんねんど」43・0％
3位　岡山弁「おんどれがしゃーがったのは知っとんじゃけぇ」18・8％
4位　標準語「お前がやったのはわかっているんだ」7・0％

5位　土佐弁「おんしがやっちゅうがはわかっちゅうがやき」　6・2%
(マイナビウーマン調べ　2013年)
「怖そうな方言」1位の広島弁と3位の岡山弁ですから、普通にしゃべっていても仲が悪く見えてしまうかもしれませんね。

岡山県民と広島県民の気質と恋愛観

岡山は温暖な気候と山海の恵みに肥沃な土地と、経済的には豊かでした。ただ、外様大名のため幕府に睨まれないように、質素な暮らしをしてきた歴史があります。

岡山の男性は、合理的でクール。大阪商人とのつながりも強かったため、お金にはシビアです。財布のひもも堅くローンではなく現金で買い物をします。流行に振り回されることもありません。

ビジネスの世界には、「岡山で成功すれば、全国どこでも成功する」という言葉があるほどでした。

岡山県北部・美作の男性は人情があり、温和で誠実な人が多いです。

恋愛も、どこかクールで一途になる人は少ない傾向があります。一言多いこともしばしば。しっかりした女性が好み。

岡山県は女性も手堅いタイプが多いです。

真面目で辛抱強い努力家。男性に比べると明るい人が多いが、やはりどこかクールで、感情的になることは少ないのが特徴。

金銭感覚はしっかりしていてムダ遣いは嫌い。やはりクレジットカードより現金で買い物をします。

岡山の女性の恋愛は意外と積極的。ただ、やっぱりどこかクールなところがある上、自分の気持ちをストレートに表現するのが苦手。しっかりしすぎていて、かわいげがないと見られてしまうことがあります。

失恋すると「プチひきこもり」をする傾向あり。

広島の男性は新しいもの好きで、仕事にも遊びにも積極的ですが、金銭にルーズなと

ころがあります。

「盛り上がり度ナンバーワン」で、熱しやすく冷めやすいため飽きっぽい。比較的見栄っ張りで、負けず嫌いの人も多いです。

ただし、備後（福山など県東部）の人は粘り強く、「岡山的」、実利的な人が多いです。恋愛にも積極的です。女性に優しいのですが、飽きっぽく、突然心変わりすることがあります。独占欲が強い傾向も。包容力のある女性が好みです。

広島の女性は意外と頑固で粘り強いところがあります。一度決心したら、とことん最後までやり抜く芯の強さをもっています。お金には鷹揚《おうよう》です。

活発でサッパリしているが、見かけ以上に内面は優しい女性が多いのが特徴。

恋愛はフランクな割に慎重。ただし、いったん燃えた恋の炎はなかなか消えない情熱家です。頼りがいがある男性が好みです。

出世は、社長輩出率が岡山県の23位に対して広島県は25位。エリート官僚輩出率は岡山県の14位に対して、広島県は5位。ともに高いと言えます。

【名物自慢】「燃えろ岡山」キャンペーンで大炎上

「燃えろ岡山」とは、1986（昭和61）年に始まった県民運動です。当時は、社会情勢や時代背景もよかったことから、「燃えろ岡山」を合い言葉に、さまざまなイベントや大型公共投資が行われました。

どうして「燃えろ」になったかというと、県民性のところでも触れたように、岡山の人は、いつもどこかクールで「燃えない」からです。隣のライバル広島が盛り上がりやすく、燃えやすいだけに目立ったのもあります。

気候は温暖で災害が少なく、持ち家率は高いし県民所得もまずまず。いいことずくめのようですが、困ることもあります。

県庁主導でさまざまなプロジェクトを推進しようとしても、いかんせん県民がのってこないので盛り上がらないのです。

そこでなんとか県民に火をつけようと考え出されたのが「燃えろ岡山県民運動」でした。

「燃えろ岡山音頭」を作ったり、ポスターを貼ったりと、行政を挙げて「火の玉」になりました。各市町村でもこれに応えて標語を作ります。「燃えろ岡山、羽ばたく御津町」「燃えろ岡山、がんばる勝央町」などなど。

しかし、困ったのは消防署です。「燃えろ岡山」というポスターを貼ったら苦情が殺到しました。

瀬戸内一帯は空気が乾燥していて、毎年のように山火事が起こる土地柄です。そこで、消防署は、「燃えろ岡山、燃やすな郷土」という垂れ幕に変えたのだとか。いかにも、生真面目な岡山らしい話です。

【名物自慢】「カラオケボックス」は実は岡山生まれ

全国カラオケ事業者協会推計によると、2015（平成27）年のカラオケ参加人口は約4750万人だそうです。また、全国カラオケ事業者協会の調べでは、カラオケボックスのルーム数は13万4000室に達しています。

実はこのカラオケボックスブームは岡山県から始まったのです。

カラオケの始まりは1972（昭和47）年、神戸市内のスナックでプロの歌手の伴奏を録音したのがきっかけで、1985年には家庭用カラオケが発売され、カラオケボックスが岡山で初登場します。

その後、大阪、さらに東京、そして全国へと広がっていきました。岡山は奈良時代は「鍬」、平安時代は「刀」を作っていた地域で、昔から工業が盛んだったところ。

岡山でできたカラオケボックスは船舶用コンテナを改造したものだったのですが、モノ作りの歴史をもつ岡山県民にとっては、コンテナを改造するなど朝飯前だったに違いありません。

理屈っぽく自己主張しがちな岡山県民は人づきあいが少し苦手。見ず知らずの他人の前で歌うのも避けたかったのでしょう。

カラオケボックスは生まれるべくして岡山で生まれたのです。

【名物自慢】フルーツ県・岡山をけん引する「白桃」

岡山県の桃の栽培は、1875（明治8）年に中国から『天津水蜜』、『上海水蜜』が導入されてから本格的に始まったといわれています。

恵まれた気候風土と地道な努力の積み重ねにより、白桃の一大産地になりました。白桃は果物の芸術品にもたとえられるのですが、岡山の白桃の素晴らしさは、肉質が緻密で、まろやかな甘みをもつことにあります。

他県の桃は袋がけをしないところが多く、そのため赤みを帯びた色をしています。でも、岡山の桃は一つずつ丁寧に紙袋をかけていきます。これは直接太陽光線をあてずに育てるためとのこと。

それによって、岡山の桃は肌が白く上品な雰囲気を醸し出しているのです。

なんといっても、岡山はモノ作りの地。そして真面目で几帳面な気質が天下の白桃を作り出したのです。

【名物自慢】こだわりが爆発する「お好み焼き」

広島と言えば「お好み焼き」。薄い生地に野菜と具、そしてそばを重ねるのが広島流。生地と具を混ぜずに焼きます。

だし汁で溶いた小麦粉を鉄板上に薄くクレープのようにのばし、その上に山盛りのキャベツ、そば、卵と具をのせます。

具は他にも、広島名物の牡蠣を入れたり、いかフライなど他ではあまり見られないものを入れたりします。調味料はソースのみが基本。もともとはマヨネーズや溶き辛子を塗ったりしませんでした。**もちろんソースは地元の『オタフクソース』です。**

大阪や東京のお好み焼きとの違いは、そばが入ること、生地が薄いこと、それにキャベツの量がハンパではない点です。

終戦直後、米などの穀物がなかった時に、小麦粉をみんなで持ち寄り、焼け跡に残った鉄板でお好み焼きを焼いたのが広島のお好み焼きの原点といわれています。

小麦粉が少ないため生地が薄くなり、ボリュームを出すためキャベツをたくさん入れて、広島のお好み焼きができたのだそうです。

広島県民は郷土愛がとても強いのが特徴ですので、お好み焼きの取り扱いには注意が必要です。

広島県民にとって、お好み焼きとは広島のお好み焼きのことをいいます。当たり前ですね。それに「広島風」とつけられるのは内心面白くありません。お好み焼きのもう一つの潮流「大阪のお好み焼き」にも「大阪風」とつくのならまだいいのですが、広島のだけに「広島風」とつけられたり、ましてや「広島焼き」とお好み焼きであることを否定するような呼び方をされたりするといい気はしません。

地域によって料理に個性があるのはとてもいいことですので、すべてを尊重するのが大事なことなのかもしれません。

【名物自慢】広島県民の「海外移住」の歴史

広島から多くの人がハワイに渡ったという歴史があるのをご存知でしょうか。

広島とハワイの交流は１８６８（明治元）年４月、１５３人が移住のためにハワイへ渡航したことに始まります。

その17年後、１８８５（明治18）年に、政府間協定による官約移民で移住が本格的になり、10年間で２万９０００人が日本からハワイに渡りました。

そのうちの40％近い１万１０００人が広島県出身者だったのです。広島日米協会のホームページによると、**「ハワイでは広島弁が標準語」**といわれるほどだったとのこと。それほど広島県民が幅をきかせていたのです。

広島は情熱的な人が多く、熟慮することなく、勢いで動くことが多いため、遠洋漁業や出稼ぎに行ったのでしょう。

ハワイ以外にも、アメリカ本土やフィリピン、ペルー、ブラジルなどにも出て行ったといわれています。

三宅一生や森下洋子など、日本を飛び出し、海外で活躍する人も多いのが広島県民の特徴です。

【名物自慢】賛否両論を呼ぶ「野球・サッカーの応援風景」

広島県民の気質は、とても熱くなりやすい。燃えにくい岡山県民とは好対照です。それは、「地元チーム」である広島東洋カープ、サンフレッチェ広島の応援風景を見ているとよくわかります。

年間の観客動員数が成績によって大きく増減するからです。どのチームでもそういった傾向はあるものの、広島はそれが顕著です。ひとたび成績が落ち込んでしまうと、観客動員数は激減。それどころか、当日の試合中も、点差が開くと観客が帰ってしまうぐらいなのです。

これと正反対なのが大阪人。大阪人は阪神タイガースが下位に低迷していても駆けつけるし、連敗が続いても応援に来ます。

なぜ、広島県民、特に安芸の人は「熱しやすく冷めやすい」気質になったのでしょうか。ひとつは、気候温暖で海の幸も山の幸もあり、食うに困ることがなかったため。そういう地域では、あくせく努力する必要もなく、のんびりした人や楽観的な人が多くなりやすい。

もうひとつは、この地域の信仰が原因ではないかと考えられます。中国地方では13世紀以来、浄土真宗・本願寺派（西本願寺）が信仰されてきました。

中でも、広島の宗徒たちは「安芸門徒《あきもんと》」と呼ばれています。本願寺の法主、顕如《けんにょ》は諸国の門徒に対して「信長と戦うために命を投げ出すことこそが、真の念仏者の姿である」といった檄《げき》を飛ばしました。その後、信長と戦った安芸門徒の軍旗には「進むは往生極楽、退くは無間地獄」と記されていたといいます。

毛利とともに戦った11年間が、のんびりした気質を、攻撃的で猪突猛進的な気質に変えたのではないかと考えられます。

第8章

香川 vs 愛媛

西の小島の覇権を争う香川と愛媛

香川県と愛媛県の対立関係は、ズバリ四国ナンバーワンはどちらかをめぐるもの。あちこちにいろいろなライバル関係はありますが、劣勢側は認めないとしても客観的にはだいたい勝負がついているケースが多いです。ただし、四国の場合は主観的にも客観的にも優劣がつけがたい状況です。

とはいえ四国といえば構成するのはたったの４県。面積は日本の５％、人口は３％に過ぎません。政令指定都市もありません。だから、「みんな仲よく」と言いたいところですが、そうもいかないようです。

中央には四国山地や讃岐山脈があるため、四国４県は互いに行き来が不便で、そのため地域ごとに、まとまりがありません。やっぱりお互いに負けられない、負けたくないという思いが強いのでしょう。

ナンバーワン争いをレースに見立てるなら、まずリードしたのは香川県です。本州、特に近畿地方からの距離が近かったため、香川県は四国の政治・経済・文化・交通の中心地、四国の玄関口として発達しました。

讃岐平野は米麦の生産地として拓かれ、周辺には数多くの溜池が作られました。空海の修築で有名な満濃池は8世紀初めに作られたものです。

武士の世になると、「讃岐を制する者が四国を制する」という形になります。南北朝・室町時代には、細川氏が讃岐を中心に四国を支配下におき、戦国時代には長曾我部元親が讃岐を制して四国を統一、のちに豊臣秀吉に平定されます。

江戸時代は松平頼重が東讃藩主として高松城に入りました。水戸の分家だけに、12万石と石高が突出して高かったようです。讃岐が四国の中心だったのがよくわかります。

しかし、幕末から明治前半にかけて香川県民は不遇の時期を迎えます。高松藩主は水戸徳川家の流れをくむ松平家。香川県域では権力争いが絶えず、陰謀や暗殺など、きな臭い事件がたびたび起きます。

維新後、新政府は幕藩体制から大きくイメージチェンジして、旧幕府勢力を中央政府に従わせる必要がありました。そこで強引に組織の組み換えを断行したのです。1873（明治6）年、香川県は名東県《みょうどう》（のちの徳島県）に編入されます。2年半後に分離されますが、今度は１８７６（明治９）年、なんと香川県は愛媛県に吸収合併され、全域が愛媛県になるのです。この一連の編入、合併によって、四国県民どうしの県民感情に微妙なひずみが生まれたのでした。

文化の違う地域が強引に併合されても折り合いは悪く、香川県は独立を志向します。ようやく許されたのは12年後の１８８８（明治21）年。この独立により、現在の47都道府県の原形ができあがったのでした。

一方の伊予国（愛媛県）も歴史は古く、大化の改新までには伊予国が成立していました。ヤマト朝廷との関係も早くから密接で、日本最古の温泉といわれる道後温泉には景行天皇、仲哀天皇と神功皇后、聖徳太子、斉明天皇、中大兄皇子などが訪れたと伝えられています。

これは、この地がヤマト朝廷にとって、九州や朝鮮への中継基地であったことを示しています。

中世の伊予は海賊たちの活躍する舞台となり、10世紀前半に中央から赴任した藤原純友はそのまま海賊の首領となって反乱を起こしました。

純友征討に功のあった豪族河野氏は国司として海賊を抑え、源平合戦では源氏を勝利に導きます。

徳川時代には親藩、譜代、外様など、いわゆる伊予8藩が置かれました。

維新当初は8藩がそれぞれ県となりますが、1873年に現在の愛媛県になりました。

歴史という面で見れば、奈良時代にそうそうたるメンバーが訪れた伊予ですが、その後は、海賊→源平合戦→伊予8藩乱立で落ち着きがなかったと言えます。

ビジネスの高松、観光の松山

香川県と愛媛県の対立は、すなわちお互いの県庁所在地である高松市と松山市の対立と言い換えることができます。どちらが四国ナンバーワンの都市なのか。

やはり先にリードしたのは政治・経済の中心だった高松市でした。一方の松山市は道後温泉、松山城、坊っちゃんといった観光資源を活用して栄えていきます。

それは2つの都市の方向性の違いでもあります。高松市には、四国で一番高い30階建て高層ビル『高松シンボルタワー』（高さ151・3メートル）があります。

一方の松山市に高層ビルはありません。市街地から松山城を仰ぎ見る景観を損ねないようにと市が規制しているのです。

交通事情が大きく変化したことも松山にとっては有利に働きました。物理的な距離が高松のアドバンテージでしたが、3つのルートからなる本州四国連絡橋の完成や、飛行機が手軽に利用できるようになったことで、場所のハンデは薄らぎました。

その結果、四国を代表するナンバーワン都市の座がどちらなのか、まったく決められない状態が生まれてしまったのです。中央省庁の出先機関の数こそ高松市が圧倒しているものの、地元の大企業の本社や、大手企業の四国支社の所在地は真っ二つに割れています。

四国電力やJR四国の本社は高松にあるが、NTT西日本、NHK、日本郵便の四国拠点は松山にあるといった具合です。

端的に数字に表れる人口でも、愛媛県141万人に対して香川県は100万人。松山市の51万3000人に対して高松市は42万5000人と愛媛県（松山市）が圧倒しています。

観光面で愛媛に遅れをとっていた香川県ですが、近年は「うどん県」でプッシュして追い上げを見せています。

とくに海外からの観光客誘致に積極的。2016年7月、高松空港に香港の格安航空会社（LCC）が就航するなど国際線を拡充させています。2017年1～6月の外国人延べ宿泊者数を見ると、香川県は53・9％増の21万1230人泊と半期で初めて20万人を突破。これに対して、愛媛県も25・6％増とこちらも大きく伸ばしてはいますが、8万4440人泊と大差がついています。現在のところ、インバウンドでは香川の圧勝となっています。

香川県民と愛媛県民の気質と恋愛観

香川の県民性を表す言葉として「へらこい」というのがあります。利己的で、こざかしく、要領がいいという意味ですが、よく言えば、緻密で計画性があり合理的ということとてもあります。

香川県の男性は、金銭感覚が細かく、話上手だし、取っつきやすい。「讃岐の着倒れ」という言葉があるように、けっこう見栄っ張りで、流行に敏感。冠婚葬祭も派手です。好奇心旺盛で人生を楽しむ人が多いのですが、熱しやすく冷めやすい。思いがけないお金が入ったら、子弟の教育のために貯金をするといわれるほど、教育熱心です。

恋愛にも積極的。腰が軽く、女性にも惚れやすく、冷めやすいところがあります。

香川県の女性は考え方が現実的で、経済観念が発達しているだけに、生活も堅実。女性教育が盛んな土地柄のため自立志向が強く、何事にも積極的です。プライドが高く、わがままなところもあります。

結婚願望が強いためか、恋愛にも気さくでありながら、慎重な一面も。不倫には厳しいのですが、時には大胆な行動を取ることもあります。生活力のある男性が好みというのが香川県の女性の特徴です。

愛媛県の男性は、親切で素朴で情に厚く正直です。思いがけずにお金が入ったら、

「何か買ってしまう」といわれていましたが、地域によって微妙に違います。

東予（新居浜、今治、西条、伊予三島、四国中央など）は、「商売につぎこんで倍にする」。勤勉で粘り強いのは、お隣の徳島商人に似た気質です。

恋愛観は積極的。惚れやすいが冷めるのも早いところがあります。包容力のある女性が好み。

中予（松山、伊予など）は、「銀行に預けて利子で温泉に入ったり、俳句を楽しんだり」という香川に近い文人肌。恋愛は燃えるまでに時間がかかります。従順で家庭的な女性が好み。

南予（宇和島、八幡浜、大洲など）は「大散財して、また儲ければいい」というお隣高知に似た豪気さです。恋愛は惚れたら一途タイプが多く、自分をたててくれる女性が好みです。愛媛の女性に関しては、東予は活動的で、経済観念が発達したしっかり者が多いです。恋愛に対しても真面目でやや慎重なところがあります。

中予は男性に比べて社交的で、くよくよしないおおらかな性格。行動力もあります。恋愛にはやや慎重で、一目惚れしやすいが愛の告白は苦手。年上志向で、学歴重視の傾向あり。

南予の女性はもっとおおらかで、包容力があり情熱的なタイプが多いです。恋愛に対してはとても真面目で浮気には厳しい人が多いです。

教育熱心な土壌がある香川県は、社長輩出率8位、エリート官僚輩出率10位と出世の可能性高め。なんたって、香川は人口当たり東大出身者数2位、京大出身者数3位の県なのです。

そして愛媛県は社長輩出率2位、エリート官僚輩出率9位と、頭脳明せきな香川県のもっと上を行く優秀さです。

【名物自慢】「さぬきうどん」はお金のものさし

うどんといえば讃岐、讃岐といえばうどん。当然のようにうどんの生産量は日本一で、高松市内ではいたるところに「うどん」の看板を目にします。

喫茶店のメニューにも、たいがいうどんがあります。健康志向の高まりで、全国あちこちに讃岐うどんの店が進出し、知名度は全国区になりました。

うどん目当ての観光客も増える一方ですが、そんな騒ぎをよそに高松のビジネスパーソンの昼食は、昔からうどんが定番なのです。

値段も200〜400円と手頃です。香川は早くから開発が進んでいた地域で人口も集中していました。そのため山の頂上まで耕すなど競争心が芽生えたといわれています。早くから経済観念が発達したため、生活は堅実で価格意識も強い。これだけうどんが広まったのは、せっかちで金に細かい香川県民の気質にピッタリだったからです。


また、香川の人はお金の価値を「うどん基準」で判断します。うどん何杯分と計算し、それと比較して高いか安いかが決まるのです。香川のレンタルDVD店を見ると、他の地域に比べ100円コーナーが広いのが特徴です。

【名物自慢】不気味だがなんだかうまい「あん餅雑煮」

香川県の名物が「あん餅雑煮」。白みそ仕立ての雑煮に、あん入りの餅が入っています。なんとなく不気味な食べ物という感じもしますが、食べてみると白みそとあんのバランスがよくおいしいです。香川は讃岐三白（砂糖、塩、綿）で豊かなところではありましたが、砂糖はあくまでも商品であって、普段は口に入れられない贅沢品。せめて正月ぐらいはということで、あん入りの餅が作られたようです。

香川の人は昔から競争意識が強く、隣が何かを買うと、「うちも」と張り合います。あん入り餅も一気に広がっていったのでしょう。

本家で作って分家に配る習わしでしたが、最近ではそれぞれの家庭で、餅つき器を使ってあん入り餅を作ります。そのため、香川ではほとんどの家庭に餅つき器があるようです。作るのは年末の28日か30日。29日は「苦餅」といって作らないとのこと。

【名物自慢】かつては遊女も買えた「金刀比羅宮《ことひらぐう》」

香川県の人気観光スポットが「こんぴらさま」こと金刀比羅宮です。金刀比羅宮参道の長い石段は有名で、本宮まで785段、奥社までの合計は1368段にも及びます。

金毘羅とは梵語のコンピーラ。その昔、インドの王舎城（古代インドのマガダ国の都）の守護神であるコンピーラが、この地に仮の姿を現して、金毘羅大権と称したのが起こりと言われます。平安時代から庶民の崇拝を集めていたといいます。瀬戸内海の四国に、突然インドが出てくるのが面白いところです。

参道から奥社までの石段沿いには大門、五人百姓、国の重要文化財「書院」。広い境内には重要文化財「旭社」など由緒ある建造物が点在し、宝物館には第一級の美術品や文化財が陳列されています。

参道の両脇には土産物やうどんの店などが並び、周辺には、旧金毘羅大芝居（金丸座）や高灯籠など見どころも数多くあります。

現世利益の神として金毘羅信仰が広がったのは、江戸時代の寺社詣でブームの頃。もともと象頭山は沖の船からも眺めることができ、海の神様として船乗りや漁師の間で信仰されていました。

江戸時代に海運が広域化すると、日本国中の船乗りから信仰されるようになりました。本山へのお参りは信仰上の目的だけでなく、庶民の一大レクリエーション旅行でした。

参詣人は富くじを買い、遊女を買い、千両役者の芝居を見、博打を打ち、日ごろの憂さを晴らしたのだそうです。天保年間にはなんと、芸者150人、遊女300人がいたと言うから驚きです。

【名物自慢】「回転寿司」愛媛の系譜

2017年現在、回転寿司の市場規模は6250億円に達しています。この回転寿司の歴史は、東大阪市で飲食店「元禄」を開業していた白石義明氏が、アサヒビール吹田工場のベルトコンベアーをヒントに、1958（昭和33）年に大阪府布施市（現東大阪市）に「元禄」直営第1号店をオープンさせたことから始まります。

1970（昭和45）年に開催された大阪万博に出展して話題になり、第一次回転寿司ブームが発生します。

つまり回転寿司は関西発で全国的なブームになっていったのです。東大阪といえば、人工衛星『まいど一号』の打ち上げを目指すなど、高度な技術を持つチャレンジ精神旺盛な町工場が集まっているところ。回転寿司の考案も、さもありなんという感じがします。ただし、考案者の白石義明氏は愛媛県出身なのです。

愛媛県といっても、地域により気質が違います、こういうアイデアを思いつくのは、きっと東予（今治など東部）の出身だろうと予想しました。

そこで、元禄産業の本社へ電話して聞いたところ、親切に教えていただけました。白石義明氏の出身地は「伊予三島です」。やっぱり！　予想通り東予の出身でした。

人手不足解消と、イラチな大阪人のために、回転寿司を考案したのだといいます。

ちなみに東予は「商売につぎこんで倍にする」勤勉で粘り強い、「昔の徳島商人気質」があるのです。

【名物自慢】家庭で大活躍の「じゃこ天」

じゃこ天は、愛媛県宇和島、八幡浜地方で作られている魚肉の練り物です。近海で獲れるホタルジャコなどの雑魚を原料にしています。

頭と内臓は除きますが、その他の皮や骨は一緒に細かくして油で揚げるため、色は黒くなりますが、魚のうま味が強く出るのが特徴です。

揚げたてをそのまま食べてよし、いったん冷めたものをさっとあぶって大根おろしや生姜を添えて醤油をたらして食べてよし、おでんに入れてよし、うどんにのせてよし、おかずにしてよし、酒の肴にしてよし……と、愛媛県の家庭で大活躍しています。

すり下ろした小骨のジャリッとした歯ごたえがたまりません。もちろん、カルシウムやDHAを摂取できる健康食品です。

皮や骨ごと入っているのは、静岡の黒はんぺんと同じです。静岡県民はめんどくさがりですが、愛媛南予の人は、おおざっぱで豪快。やっぱり骨や皮を取り除くのが面倒だったのかもしれません。

【名物自慢】憂さ晴らしから始まった「野球拳」

1924（大正13）年、伊予鉄野球部チームが0―8で惨敗したのが残念すぎて、副監督で川柳作家だった前田伍健氏が〝野球するならこういう具合にしやしゃんせ　投げたらこう打って　打ったらこう受けて…〟と、即興で作詞振付であわせて踊ったのが始まりといわれています。負けた憂さ晴らしだったのですね。

負けた側はどうするか。服を脱ぐのは、ずいぶん後から考案されたお遊び。当時の松山市を発祥とする「本家野球拳」では脱衣は一切ありません。

四国は野球どころといわれます。現在の松山市出身の俳人・正岡子規は、野球に夢中になって、「野球（のぼーる）」という語を初めて記し、訳語として「打者」「走者」「四球」「直球」「飛球」といった現在でも使われている言葉を考案しました。

夏の高校野球の代表校が四国から1校だけだった1922（大正11）年、代表が決まる決勝・高松商対松山中（現在の松山東高）の試合で、ピンチになって耐えられなくなった松山中のファンが、グラウンド横を通っていた用水路の堰を壊して、グラウンドを水浸しにするという事件がありました。

それほど野球に熱中する土地柄だったということと、松山が高松にだけは負けたくないという心情があったことを物語っています。

現在、四国には四国アイランドリーグというプロ野球独立リーグがあります。将来、NPB（日本野球機構）のチームへの入団を目指す選手たちによる、地域文化に根ざしたリーグです。

過去、愛媛マンダリンパイレーツは6回優勝。負けたくない香川オリーブガイナーズは16回の優勝を誇っています。たまたまですが、野球拳、高校野球、アイランドリーグと、松山のチームが負けたという話ばかりになってしまいました。

第9章

秋田 vs 山形

ライバルの条件は「勝てそうな田舎」

これまで、多くの「犬猿県」が地域トップのプライドをかけた「絶対に負けられない戦い」でしたが、東北の日本海側になると少し意識が違うようです。

あるアンケートで山形県民に「ライバル県はどこか？」を尋ねると、同じ日本海側で隣り合う秋田県という答えが多くなりました。

同じ雪国、米どころ。なまりも文化も似たところがあり、「田舎比べ」では負けていないという、やや自虐的な発想でライバルを選んでいるようです。

一方、山形県民からライバルと指名された秋田県民のほうはどうかというと、「山形県」という答えも多かったのですが、もっとも多かったのは、さらに北の青森県ということでした。

その理由はやっぱり、田舎比べでは負けてないというのが多く、東北地方日本海側特有の、「控えめなライバル意識」が垣間見えるようです。

秋田県には「嫁は山形からもらえ」という言葉がありました。その理由は、山形の女

性が質素で働き者だからというもの。

また、「秋田の着倒れ、食い倒れ」という言葉があるように、二人とも秋田県民の夫婦の場合は贅沢をして家がつぶれてしまうというのです。だから、山形から嫁をもらえれば、家も安泰という意味なのです。

でも、ちょっと待ってください。本当に、みんながこれを続けたら、山形の男性は結婚相手が少なくなってしまいますね。まあ、本当にそうしなさいという教訓というよりも、県民性を表すものなのでしょう。

〝美人〟をめぐるライバル関係

家をつぶすといわれた秋田の女性ですが、その一方で「秋田美人」という有名な言葉もあります。これも十分な根拠のあるものです。

私たちが十年ほど前に行ったビジネスマンアンケート調査で「あなたから見て美人の多い都道府県はどこですか？」の問では、秋田が堂々の第1位（調査人数８００人、回答者777人)。

　つい最近のネットの美人アンケートでもやはり秋田がトップになりましたから、秋田美人の伝統は不動のものと言えます。

　古来、「色の白いは七難隠す」といわれます。一時期は「ガングロギャル」がもてはやされた時期もありましたが、現在でも日焼けに気をつけることが美容の基本であることに変わりはありません。

　東北地方日本海側は冬場、大陸からやってくる寒気と、それがもたらす雪雲に覆われ、日照時間が少なくなります。

　全都道府県の県庁所在地で、年間の日照時間がもっとも少ないのが秋田市であるというデータがあり、色白の美人を生む土地だという根拠になるのです。

「秋田美人」のような全国ブランドではありませんが、秋田と似た気候風土の山形県も美人の産地であることに違いはありません。

　山形には長い歴史を刻んできた素晴らしい伝統芸能が今も数多く伝承されています。中でも山形芸妓は、その優れた技能が全国的にも高い評価を得ています。

ただ、最盛期である大正から昭和初期には150名を数えた山形芸妓も、時代とともに減少の一途をたどり、今では十数名を残すのみ。深刻な後継者不足に悩まされています。

そこで、1996（平成8）年に山形市内企業の出資によって「山形伝統芸能振興株式会社（愛称：やまがた紅の会）」が設立されました。今では、試験で選ばれた若い「やまがた舞子」が伝統芸能後継者として、踊りや唄・三味線などの特訓を受けながらお座敷に出て活躍しています。

秋田県民と山形県民の気質と恋愛観

秋田の男性は口数の少ない生真面目な照れ屋。ノーと言えずに、悩みを内に抱え込んでしまうのが難点。若い時は感情の起伏が激しい人も。経済観念が乏しく見栄っ張りで遊び好きな一面があります。昔ほどではなくなりましたが、お酒はよく飲むほうで、背の高い人が多いです。

恋愛に関してはロマンチストですが表現が下手。未だに「女性は家庭を守るべき」と思っている保守的なタイプが多いです。

秋田の女性は、几帳面で真面目、逆境にも強い頑張り屋さんです。優しすぎて逆に悩むことも。落ち着いていて、口数は少なく控えめに見えますが、何事にもソツがありません。外見から判断するよりおおらかで、陽気な性格。好奇心旺盛で行動力もあります。新しいもの好きで流行にも敏感ですが安易には流されない。色白肌のポチャポチャ系と彫りの深いアングロサクソン系の2種類の美人がいます。

恋愛になると、気が強く、男性とは距離を置こうとする反面、基本的には積極的。雰囲気に弱いため、キッカケさえつかめば仲よくなりやすい。明るく元気なタイプが好み。

山形の男性はコツコツと努力を重ねる地味なタイプで何事にも慎重。権威に弱く、金銭感覚はシビアでワリカン主義。ただ真面目で辛抱強いためストレスをためてしまうこともあります。

地域別の特性として、酒田の男性はおおざっぱでおおらか。細かいことは気にしないし元気で気さくな性格。調子のいい派手な社交家も少なくありません。何事にも淡泊で持続力に欠けるのが欠点かも。

城下町だった米沢、鶴岡は保守的な部分が強く頑固ですが、真面目で粘り強く責任感の強いタイプ。お金にはシビアですが、見栄っ張りなところがあります。

山形の男性の恋愛は燃えるまで時間がかかります。表面上は優しそうには見えませんが、本質はとても女性に優しく、「思いこんだらどこまでも」のタイプが多いです。堅実な女性が好み。酒田は恋愛にも積極的で、米沢や鶴岡は控えめな女性が好みです。

山形の女性は地味で一見無愛想ですが、何事にも真面目に粘り強く取り組むのが特徴。男っぽく見えても、本質的にはとても女性らしいです。但し、流行には安易に流されません。

地域別にみると、酒田の女性は元気で活動的。気さくな性格で新しいもの好き。流行にも敏感です。行動力はありますが、熱しやすく冷めやすい一面も。

米沢や鶴岡は男性中心の歴史があるため、女性は控えめで辛抱強い性格。包容力もあり男性を立てる術も心得ています。背が高い人が多いです。

山形の女性は男をたてて、経済観念もあり貯金もしっかりするので、お嫁さんとしての人気は抜群です。真面目で経済力のある男性が好み。

酒田は恋愛にも積極的で明るい人。米沢や鶴岡は受け身タイプが多く頼れる男性が好み。

【名物自慢】身だしなみに命をかける秋田県民

秋田県は人口1万人当たりの美容サロンの軒数が全国ナンバーワンです（2016年・厚生労働省）。

先述のとおり秋田といえば「秋田美人」。元来は明治から昭和の初期にかけて秋田市内の紅灯街、川反《かわばた》で全盛期を極めた「川反芸者」を形容する言葉でした。

肌の色が白くきめが細かく顔は瓜実型と丸顔の中間で、やや面長、目は細く切れ長で口は小さく鼻筋が通っています。豊かな髪、濃い眉、顔の輪郭のまろやかさも特徴。

県南に色白の女性が多いのは、全国最少の日照時間に加え、玉川などの強酸性水に、馴染んできたためといわれています。

きめが細かいのは、あまり汗をかかず毛穴が退化したためといわれています（『秋田大百科事典』秋田魁新報社）。肌のきめ細かさは化粧品メーカーの折り紙付きです。

「酒のうまいところに美人あり」ともいわれます。秋田には太平山、高清水、爛漫、両関など著名な酒造メーカーがあります。清酒は水が決め手で、いい水があることを物語っています。

「秋田美人」への関心は高いようで、他にもいろいろな説があります。たとえば、秋田人にはロシアの血が混ざっているという説。実際、青森から秋田沿岸部の女性の中には彫りが深く、髪の毛が茶系で、目の色も緑色や青色の人がいます。彫りの深いアングロサクソン系に似た特徴のある美人は、大陸の北のほうから渡ってきたと考えるのが合理的かもしれません。

また、佐竹の殿様が常陸（茨城）から秋田に転封（左遷）された時に、選りすぐりの美男美女を連れて来たという説もまことしやかにささやかれています。

実は、美容院だけでなく理容サロンの人口あたり軒数も秋田が全国ナンバーワンです。理容サロンの利用者はほとんどが男性客だと考えられますから、秋田県民は男性も女性も身だしなみにとても気を遣っているというのがうかがえます。

何ごとでも、ある程度以上のレベルにあると、もっと上を目指したくなるというのが人情です。美男美女の秋田県民らしいデータだと思います。

【名物自慢】「ババヘラアイス」は素朴な味わい

秋田の夏の風物詩のひとつに「ババヘラアイス」があります。夏になると、県内の主要道路沿いや各種イベント会場などでは、大きなパラソルの下、おばさんがアイスを売っています。

これを「ババヘラアイス」といいます。「ババ」は秋田の言葉で年配の女性のこと。「ババがヘラで盛ってくれるアイス」のことなのです。

アイスは、ソフトクリームとシャーベットの中間という感じのさっぱり系。売り手によって、「ヤンヘラ」、「ギャルヘラ」、「アネヘラ」などと呼ばれることも。

秋田県以外にも同じようなアイス売りがあり、高知や沖縄では「アイスクリン」と呼ばれて親しまれています。

秋田が、「着倒れ、食い倒れ」といわれたのは、北前船が土崎港（秋田市）に寄港したことから関西とのつながりがあったのと、秋田の人の消費志向の高さ、贅沢さを示しています。

実際、秋田県民は果物なども好き。その上、秋田の人は好奇心旺盛で流行にも敏感で、衝動買いが多いのも特徴です。

ババヘラアイスのパラソルを見かけると、思わず買ってしまう。だから、ババヘラアイスが定着したのでしょう。

【名物自慢】福神漬けとたしなむ「横手焼きそば」

横手焼きそばとは、秋田県横手市周辺で販売されているソース焼きそばのこと。一般の焼きそばと違い、太いストレートの角ゆで麺を使っています。

具は豚挽肉とキャベツに目玉焼きで、全体的に柔らかくしんなりとしていて、福神漬けを添えるのが特徴です。

1950（昭和25）年頃にデビューし、その後、駄菓子屋などでも売られるようになりました。

また、当時は焼きそば以外の外食として「ラーメン」なども市内で出まわっていましたが、当時は焼きそばの並が10円から15円、ラーメンは45円から50円ほどと差があったため、コストパフォーマンスにすぐれた焼きそばが人気ナンバーワンになりました。

横手市では町おこしとして、この横手焼きそばを取り上げ、2001（平成13）年には市内の焼きそば店が中心となって『横手やきそば暖簾会』を設立しました。

秋田県民は好奇心旺盛で流行に敏感。衝動買いの多い気質も、横手焼きそばの人気の高さにつながっていると考えられます。

【名物自慢】山形の風物詩「芋煮会」

芋煮会は、河原で里芋を煮て食べるパーティのこと。山形城主・秋元但馬守が行った野宴の名残という説、千歳山界隈の山芸者の発案という説、最上《もがみ》川船頭が始めたという説など、諸説あります。

親睦を深める行事として、家族、友人、地域、学校、職場で行うことが多く、東北の秋の風物詩と言ってもいいほどです。

「芋煮会」が誕生した背景として、寒冷地の東北では里芋の保存が難しかったことがあります。たとえば米などは容易に保存できるのですが、里芋を越冬させるには囲炉裏や屋根裏などの温度が高いところに置いて保温しなければなりません。

保存が難しいのであれば食べてしまえという意味あいがあったと考えられます。

青森県に「芋煮会」がないのは、当時の里芋の栽培限界より北にあったこと、関東地方以南で見られないのには、里芋が簡単に保存できたからでしょう。

芋煮の味付けは山形県内でも微妙に違います。内陸中南部は「すき焼き風」の醤油と砂糖を使った味付け、一方の庄内地方では、豚汁風にするのが一般的です。

この芋煮会、人間関係を重視し、かつ、里芋を無駄にしないという経済感覚を持ち合わせた山形県民らしい催事と言えます。

【名物自慢】大盛り文化が花開いた「山形そば屋系ラーメン」

山形県は最近ではラーメンでも有名になりつつあります。山形ラーメンは基本的には中太麺の魚ダシのあっさりスープですが、地域によって特色のあるラーメンが存在しています。米沢ラーメンは縮れ麺で醤油味、酒田ラーメンは自家製麺が特徴で、種類はいろいろ、冷やしラーメンも有名です。

さらに、山形はそば屋で本格的なラーメンを出すところが多く、**「山形そば屋系ラーメン」**と呼ばれています。そば屋がついでに作っているラーメンというのは、全国各地にあると思いますが、まったくそういうものではなく、本格的なのです。

山形がラーメンどころとして発展した背景には、山形県民の「麺好き」があります。もともと、山形はそばで有名でした。そば好きだから、同じ麺類のラーメンも大好きになったという流れだったのでしょう。

また、山形のラーメンは麺の量が多いのが特徴です。「大盛り文化」は東北全般の特徴でもあります。その上、価格も500円前後と安い。お客さんにとっては、脂肪分があるためそばより満腹感があるのがラーメン。お店にとってはそばよりも利益率が低いのがラーメン。つまり、満腹を求める客の側から見ると、ラーメンの方がコストパフォーマンスが高いということ。お店にとってもラーメンのほうがいい。

経済感覚の鋭い山形県民がこれを見逃すはずがないのです。

【名物自慢】家庭ごとにレシピが違う「ひっぱりうどん」

山形名物「ひっぱりうどん」をご存知でしょうか。

大きな鍋でたっぷりのお湯を沸かし、乾麺のうどんを入れます。やや固めに煮えたところで火を止め、鍋ごと食卓の中央にそのまま持ってきます。

その鍋からうどんをひっぱりだしてアツアツのところをタレにつけて食べる――これが、ひっぱりうどんです。

このタレが重要で、それぞれの家庭で異なります。納豆が入るのが基本。さらに卵、ネギ、鰹節を醤油でからめたものに、うどんをからめてズルズルっと食べます。

他にサバ缶やとうがらしを添えるパターンもよくあります。

昔、山形盆地の扇状地では小麦がたくさん作られていました。この地方の農家が冬、ごはんやおかずが足りないときに、それを補うために作った重宝な食べ物だったといいます。

安くて簡単に作れて、かつ、おいしいとくれば人気メニューになるのは当然なのです。

第10章

石川 vs 福井

かつて〝人口日本一〟を誇った石川県

「使府藩県別本籍人口」という古い人口統計が残っています。

その1881（明治14）年の調査結果を見ると、日本全国の人口は3636万人ほどでした。

当時は「都道府県」ではなく、「使府藩県」。すでに2年前に「琉球藩」が「沖縄県」になったことで、藩はひとつもありませんでしたが、「使府藩県」という言葉は使われていたようです。

ちなみに「使」は開拓使で、北海道成立前の役所のこと。東京はまだ「東京府」で、大阪、京都と合わせて3つの府がありました。

さて、この1881年の使府藩県別本籍人口によると、もっとも人口が多かったのは石川県の185万人あまり。2位が新潟県で156万人あまり、3位が愛媛県で145万人あまりと続いていました。ちなみに、東京府は99万人足らず、石川県の半分ほどしかいませんでした。

現在とはずいぶん違うランキングになっていますが、これには理由があります。江戸幕府の時代が終わり、中央では新政府による統治が進められていましたが、地方政治まで一気に変えることはできないため、これまでの藩政のシステムを少しずつ変えていく形が採られました。

おおざっぱに言うと、とりあえず従来の「藩」をそのまま「県」にしてしまい、こまごまと小さい県に分かれていた地域や、独立した県運営が難しい県については吸収合併させていきました。

1881年当時、石川県が人口最大を誇ったのは、当時の石川県が近隣県の地域を吸収合併していて、現在でいう石川県、富山県、福井県の北部（嶺北地域）まで広がっていたためです。もちろん、江戸や大阪といった町人の街よりも、穀倉地帯のほうが多くの人を食べさせることができたのも人口が多かった理由です。

この、ほぼ北陸のすべてが石川県だった時期のことを、「大石川県時代」と呼ぶことがあります。日本一多い県民を抱えた石川県は、ある意味でこの世の春を迎えていたと言えるでしょう。

一方の福井県にとっては不遇の時期でした。県域は嶺北と嶺南で分断され、嶺北は石川県に、嶺南は滋賀県に併合。律令制以来の越前国は消滅していました。

文化で繁栄した加賀藩

話は江戸時代にさかのぼります。加賀藩（現在の石川県）は「加賀百万石」といわれた大藩で、その領域は加賀国、能登国、越中国と近江国に及びました。

藩主前田家は、外様でありながら、御三家に準ずる待遇を受けていました。1581（天正9）年に、藩祖前田利家が織田信長から能登1国を与えられ、その後、豊臣秀吉から二度にわたって加増されます。子の利長が1600（慶長5）年の関ヶ原の戦いで徳川方についたため、さらに加増され、120万石に及びました。

1639年に3代藩主利常が小松に隠居した際、次男利次に富山藩10万石、3男利治に大聖寺藩7万石を分封、加賀藩は103万石となります。以降、この石高で明治維新まで続きます。

利家・利長・利常の「前田三代」は、徳川家から百万石と手厚くもてなされながら、その石高の高さから、徳川家から謀反を警戒されるという、実にめんどくさい扱いを受けていました。

利長が亡くなると、幕府からたびたび謀反の疑いをかけられますが、奇策で苦難を突破していくのが利常でした。とくに生き残りをかけて勝負に出た策が、文化路線だったのです。

権力になど関心はないと表現することで、疑いをかけられなくするのが目的でした。これがのちに金沢の多くの工芸品や美術品、芸能を生むことになります。

また5代目綱紀は学問や工芸を奨励し、利長のときにつくられた池と数寄屋は、12代斉広《なりなが》、13代斉泰の時代に大規模に造営され、回遊式庭園の兼六園が完成しました。また綱紀は古今の和漢書を集め、尊経閣文庫のもとを作りました。

外様ながら、百万石の大藩を維持し、徳川御三家と同じように大廊下詰めを許されたのは、代々の藩主が徳川将軍家との結びつきを深めたことと、文化によって国を豊かにする施策が実ったからでした。

1871（明治4）年、廃藩置県により金沢県となります。その後、大聖寺県、さらに新川県と合併して旧3国に広がる「大石川県」を構成しましたが、1881年に旧越前国域が分かれて福井県が、また1883年に旧越中国域が分かれて富山県が設置され、現在の石川県域が確定しました。

藩主に恵まれなかった福井藩

石川県とは対照的に、江戸時代以後の福井県域は不遇でした。関ヶ原の戦い後、徳川家康の次男結城秀康に越前1国68万石が与えられ成立しました。秀康は柴田勝家が築いた北ノ庄城を移転改築して居城とし、姓を松平に戻し、越前松平家を興しました。

秀康は藩政の基礎を固め、その長男忠直も鳥羽野開拓などで実績をあげました。しかし、弟の秀忠が家康に代わって徳川2代将軍になると、秀康は幕府に対して反抗的な態度をとります。その後、忠直の乱行を理由に配流となり、わずか34歳で死去しています。

その後を継いだのが長男松平忠直。この人もまた恵まれない境遇を過ごしました。大坂の陣で1万5000の大軍を率いて参戦。敵対する真田軍は4分の1ほどでしたが、幸村は奇襲を仕掛けてきます。さらに混乱に乗じて「徳川方の浅野が寝返った」などとデマを広めて、徳川軍を揺さぶります。

3度の奇襲で家康本陣は大混乱に陥り、真田隊は家康本陣にいる旗本勢を切り崩し、家康を追い詰めます。家康はパニックになり、何度も「切腹」と口走るほどでした。しかし、圧倒的に兵力がある忠直軍は陣容を立て直し、じりじりと真田軍を追い詰め、ついに撤退させました。

疲労困憊の真田軍に対して、忠直軍には援軍も加わって勝負あり。真田軍は崩壊しました。傷ついた幸村が神社の境内で休んでいたところを、忠直の家臣が発見。幸村は「儂の首を手柄にされよ」と最後の言葉を残して討ち取られました。

真田幸村を撃破した松平忠直は、意気揚々と大坂城に一番乗りを果たしました。

ところが、戦後の論功行賞では忠直に恩賞はなく、弟の忠昌が1万石から越後高田25万石に出世しただけ。忠直は怒って参覲交代のサボタージュを決め込みます。

その結果、1623（元和9）年、幕府は乱行を理由に忠直を豊後国に配流。翌年、弟の忠昌が50万石で継ぎました。この時点で18万石減らされています。

4代藩主光通は歴代藩主の中では英明の誉れ高く藩政改革を遂行しましたが、妾腹の子・権蔵が江戸へ出奔、その責任を取ったのか自害してしまいます。

その後も後継者問題でゴタゴタが続き、ついに7代藩主吉品《よしのり》が継ぐときには25万石にまで減らされてしまいました。

当初の68万石から比べれば半分以下です。これが「貞享の半知」と呼ばれるもの。次の8代藩主吉邦の善政などがあり、大政奉還まで家は続きましたが、財政は悪化する一方でした。

そんな流れを受けて、廃藩置県の頃の越前国には小藩が乱立する状況でした。1873（明治6）年にいったんはほぼ現在の福井県の形になりましたが、3年後の1876年に嶺北と嶺南の2地域に分割され、嶺北は石川県に、嶺南は滋賀県に編入されました。石川県の一部になった嶺北では、税負担などで不満が爆発し、すぐに行政が立ち行かなくなります。このあたりの経緯が、現在も続く石川県と福井県が対立する原因の一つだと考えられます。

5年後の1881年、ついに嶺北が独立し、嶺南も滋賀から独立して現在の福井県が完成しました。ちなみに、滋賀県に編入されていた嶺南地区は、滋賀県として非常にうまくいっていましたが、「昔の越前に」という国の方針で戻されて、当初は不満も多くあったという記録が残っています。

石川県民と福井県民の気質と恋愛観

石川県の男性は、意外と消極的です。人当たりがよく、優しく包容力も教養もあるのですが、見栄っ張りで、プライドが高い。なかなか本心を明かさないので、何を考えているかわからないと受け取られることもあります。

能登は努力家、小松など南部はど根性タイプが多いです。

消極性は恋愛に関しても発揮されて慎重。純情で行動力に欠けるところがあるため、男女関係は奥手の方です。女性には優しいですが、優柔不断で頼りにならない一面も。包容力のある女性が好みです。

石川県の女性は真面目で勤勉。男性に比べて積極的ですが、マイペースなところがあります。控えめでハッキリとものを言わないのは男女共通。ファッションなどには関心が高いものの、自分の価値観をもっているので安易に流されない人が多いです。

恋愛面では、受け身に見えてなかなか積極的。ミーハータイプで好奇心旺盛ですが、ガードは堅いほう。ただし、時には大胆な行動でびっくりさせます。見た目を重視する人が多く、教養があってオシャレにも気を遣う男性が好み。ダサイ男や粗野な男は嫌われます。

福井県の男性は、負けず嫌いの頑張り屋。その昔、越前商人の成功へのねたみから「越前詐欺」ともいわれました。

普段は温和ですが、逆境に強くリーダーシップもあり、周囲から一目置かれる存在です。ただし、遊び好きで、ギャンブルにハマるタイプでもあります。若狭（南部）は明るく楽天的な人が多いです。

恋愛では女性にはマメな上、惚れると一気に押しまくります。ただし、計算高いので、メリットがないとすぐ去っていく傾向も。独占欲が強く嫉妬深いところもあります。家庭的なしっかりものの女性が好み。

福井県の女性は、気が強く負けず嫌いで辛抱強い。男性と比べて積極的で、目立ちたがり屋でもあります。自立志向が強いので、妙な「甘え」がありません。逆にしっかりしすぎて、スキがないぐらい。ファッションへの関心も強く、ノリノリタイプもいます。「姉御肌タイプ」も多いです。

当然、恋愛も積極的。経済力のある男性が好みです。

県民の出世傾向は、社長輩出率が石川県12位、そして福井県は堂々の1位。エリート官僚輩出率は石川県21位、福井県は7位。どちらもとても優秀ですが、比較すれば福井県の圧勝です。

【名物自慢】「回転寿司」進化を支える石川

回転寿司で使うコンベアーのトップメーカーは、北日本カコー、第2位は日本クレセント。両社とも石川県の会社です。

つまり、石川県は回転寿司コンベアーの中心地で、日本中の回転寿司コンベアーは、ほぼ100％「メイド・イン・石川県」なのです。

ちなみに、回転寿司のコンベアーはすべてがオーダーメイドです。一番安いタイプで1台100万円ほど。

特許切れの後、多くの企業が参入してきましたが、北日本カコーの圧倒的なシェアを崩すのは至難の業です。

その理由は、1974（昭和49）年に発表した自動給茶装置付コンベアーが大ヒットしたからです。これにより寿司店は人件費を大幅に削減できたといいます。

石川県といえば和菓子どころ。日本茶人気も高いから、自動給茶装置というアイデアが生まれたのでしょう。

さらに、タッチパネルでオーダーができて、それが専用レーンで運ばれるシステムや、皿に埋め込まれたＩＣチップを読み取り即座に金額を計算する会計システム、また、高速で皿が直進するレーン「回らない回転寿司」まで登場し、進化が止まりません。

【名物自慢】「独特なヒットチャート」

「石川県では、全国的なヒット曲があまり売れない」――音楽業界ではそんな現象が知られています。

それに気づいた人が、２００７（平成19）年７月21日付けから３週間分のヒットチャートについて調査しました。ＦＭ石川版と、ＦＭ石川以外のＪＦＮ（ＪＡＰＡＮ　ＦＭ　ＮＥＴＷＯＲＫ）加盟ＦＭ局（全国30局）とを比較したのです。

その結果、他局での上位曲がＦＭ石川ではベストテンにすら入らない、逆に、ＦＭ石川の上位曲は、他局ではランクインしていないという例が頻出しました。この傾向は現在も変わりなく続いているといいます。

石川県では、名前の売れている派手なアーティストより、どちらかというと実力派タイプ、それもソウル系のアーティストが人気のようです。よく県民性を語るとき、「中高年の気質は地域によっては違うが、若者はどこでもあまり変わらない」という人がいます。でも、若者中心のヒットチャートでも地域により、こういう差があるということは知っておいてほしいところです。

石川県は、外様大名だった加賀藩前田家の影響を強く受けた土地柄。生き残りをかけて力を入れたのが文化や芸能の振興でした。

昔から「加賀では天から謡が降ってくる」という言葉があります。加賀では瓦職人や植木職人も謡曲を口ずさむという意味です。そんな文化の伝統があるだけに、誰かが仕掛けた流行には流されないのかもしれません。

【名物自慢】モータリゼーションが生んだ「モーテル」文化

現代のラブホテルのルーツと考えられるのは、江戸時代の「出合茶屋」と言われています。それが１９５０年代以降には、いわゆる「連れ込み旅館」という形態となって急増します。

そんな中、１９６３年に全国で初めて石川県にオープンしたのが、車で乗りつける郊外型ホテル『モテル北陸』でした。

もともとモータリゼーションが急速に進んだアメリカで、車での長距離移動の際に宿泊するホテルとして誕生した「モーテル」。これが狭い日本に伝わると、車で乗り込むラブホテルになったわけです。

『モテル北陸』が誕生した後は、自動車の普及とともに全国で爆発的に増加し、やがて「ラブホテル」に名前を変えていきました。

なぜ、最初のモーテルが石川県だったかは不明です。石川県は、性についてはどちらかというと女性が主導権を握っているところ。

ちなみに、人口当たりラブホテルの数で石川県は14位、全国的に多い方ですが、「ラブホ発祥の地」としては少ない気もします。1位は佐賀、2位は大分、3位にライバル福井が入っています。

【名物自慢】福井の「結婚式」が愛知越え⁉

最近は、福井、それも嶺北地域の結婚式の方が愛知より派手ではないかといわれています。愛知の方では名古屋など都市部を中心に地味になりつつあるからです。

福井では、結婚費用は親が出すもの。新婦側の出費は、家具、家電製品、着物と桐タンス、結婚式の貸し衣装代（新郎新婦分）、新郎の家に納める布団、座布団などおよそ300万円。車は、新婦の分は新婦側が買います。

新郎側は結婚式、披露宴、指輪、新婚旅行、結納金などを払います。こちらは500万円ほど。つまり800万円プラス車代ですから、1000万円を軽く超えてしまいます。

結婚式のゲストは70～80名。100名を超えることも珍しくありません。引き出物は大きくて重いのが特徴。

親せきや上司には5～7品で1万3000円～1万5000円くらい。友人には5品で8000円～1万円。

福井の人がこれだけ結婚式にお金をかけるのは、見栄っ張りで負けず嫌いの気質に加えて、財産分与の意味もあると考えられます。

【名物自慢】社長輩出率の多さは「腹黒さ」の証明？

帝国データバンクの調べでは、２０１６年も福井が社長輩出率ナンバーワンでした。これでなんと35年連続です。

社長輩出率が高いのは、県内に中小企業が多いことが大きな理由となっています。つまり地元企業の経営者が多いのですが、さらに、大阪などで起業した人が多いのも理由の一つです。

昔、「越前詐欺」といわれ、「越前泥棒」と言われなかったのは、越前の人が変わり身の早さや頭の回転のよさを持っていることが原因と思われます。それは基幹産業が繊維だったことと無縁ではありません。

繊維は糸も織物も相場や景気変動、流行ファッションの影響を受けやすく、時には投機的な値動きもあります。これにより変わり身の早さを身につけたのでしょう。

そのため、「越前商人には気をつけろ。後ろ足で砂をかけられる」などと言われることがありました。

金沢では未だに、「福井県民は腹黒い」と警戒する人もいるぐらいなのです。

また、大阪に近いため、大阪のいいところも悪いところも吸収してきたというのもあります。逆に大阪と違うのは、1963年の「三八豪雪」や、1981年の「五六豪雪」にみられるように、気候が厳しいことから、粘り強い気質になったことです。勤勉で堅実、行動力もあります。ちなみに、福井市には「社長ばかりが住んでいる『社長の街』がある」という噂がありますが、現時点では確認できていません。

【名物自慢】「共働き」を支える福井の地域社会

共働き世帯率は全国で24・53％。2000年以降増えているのは、家計の収入を補うためか、増やすためです。

共働き比率には地域別の傾向があります。大都市は専業主婦が多く、地方は共働き世帯が多いのです。1位は福井県で36・10％、2位は山形県で35・77％、3位は富山県で34・39％、4位は新潟県で32・85％、5位は長野県で32・82％。

逆に47位は東京都で共働き世帯率は17・76％、46位は大阪で19・70％、45位は北海道21・14％、44位は福岡で21・99％、43位は神奈川で22・05％です（国勢調査－2015年総務省）。

福井では専業主婦は珍しいため、新婚女性でも、何度も「働かないの？」と質問されることになります。子供がいなかったり、ある程度大きくなったりした人は、みんな働くのが当たり前なのです。

福井県の共働きが1位なのは、広い住居に夫婦、子ども、両親の三世代が同居し、夫婦は共に勤めに出ていて、日中は両親が育児をしてくれるからなのです。

また、集落や町内では、地域活動やボランティア活動が盛んで、子育てを地域全体の責務と受け止めている人が多いのです。

福井県は昔から繊維王国。繊維産業の主な担い手は、女性であり、福井県では女性も働き手であるという意識が強いのです。

一方、企業側や行政側でも、女性を貴重な労働力として確保するために、育児をしながらも働けるような職場環境をつくることに尽力しています。

おわりに

日本はいよいよ人口減少の時代に突入しました。地方で育った人々が仕事と、都会の暮らしを求めて大都市へ――その図式は今後も変わらないでしょう。ただその若者の数自体が減っているため、大都市でもまもなく人口は減少に転じます。

少子化の本質は「価値観の変化」ですから、簡単には止まりません。

その「価値観の変化」は、同時に地方に根強く残っている「封建的な考え方」の弱体化でもあります。「男だったら〇〇をしろ」「女なら〇〇しなくてはならない」という「しきたり」や「決めつけ」が薄れてきているからです。

ただ、古い価値観が100%否定されるべきかといえば、そうではありません。中には円滑な人間関係を維持していくために必要なテクニックが隠されている場合もあります。コミュニティ全体が経済的に有利になるような知恵が込められていることもあります。そうした価値観は、あたかもＤＮＡに刻まれているかのように、地域の気質として私たちに伝えられています。

本書では、隣県との激しいライバル関係を紹介してきました。その負けられない、負けたくないという感情もまたＤＮＡに染み込んでいるのかもしれません。

そして今、封建的な価値観の消滅とともに、「敵対」「対立」という図式は少しずつゆるくなってきているようです。若い世代を中心に、「負けられないのはどちらも同じ。だったら一緒に勝とう」という機運が生まれているのです。

お互いに足を引っ張って、出し抜いて、蹴落として……そんなことばかりやってきました。それは、負けたくないという気持ちとともに、「負けている」「すごい」と認めてきたからこそそのライバル関係であったわけです。あえて言わなかったけれど、どうすればもっとよくなるかもライバルだから見えているのです。

そんなライバル県たちが、ＤＮＡに刻みついた対抗心をうまくコントロールしながら、新たな協力関係を作っていく――そんな新時代を期待したいと思っています。

２０１８年９月吉日　（株）ナンバーワン戦略研究所　矢野新一

《参考文献》

「週刊朝日百科」
岡田喜秋（監修）『空中散歩　日本の旅』（新日本法規出版）
『ふるさとの文化遺産　郷土資料事典』（人文社）
「週刊現代」
「週刊ポスト」
「ＬＩＦＵＬＬ　出典ＨＯＭＥ'Ｓ ＰＲＥＳＳ」
「販促会議」
山梨日日新聞
日本経済新聞
八幡和郎『消えた都道府県名の謎』（２０１６年、イースト・プレス）
「ローマ史クラブ」
「ブリタニカ国際大百科事典」
「金沢歴活」

舟澤茂樹『シリーズ藩物語　福井藩』（2010年、現代書館）
『近世藩制・藩校大事典』大石学（編）（2006年、吉川弘文館）
「NHK大阪放送局ブログ」
「充実lifeハック」（石川VS福井）
「週刊ダイヤモンド」

犬猿県

絶対に負けられない県が、隣にいる！

著者　矢野新一

2018年10月25日　初版発行

矢野新一（やの・しんいち）
昭和24年東京都生まれ。1971年専修大学を卒業（経営学・コンピューター専攻）。卒業後、市場調査機関（株）マーケティングセンターに入社。その後、（株）ランチェスターシステムズに入社。同社の故・田岡信夫氏の右腕として、企業の戦略導入に東奔西走、豊富な実務経験を活かし、独自の販売戦略を開発。数多くの企業を短期間に地域ナンバーワンとする。その後、（株）ナンバーワン戦略研究所を設立。エリアマーケティングの第一人者で、かつ県民性研究の第一人者。「県民性博士」とも呼ばれている。『名古屋はヤバイ』『ありえへん京阪神』（小社刊）など、県民性に関する著作は23冊に上る。

発行者　横内正昭
編集人　内田克弥
発行所　株式会社ワニブックス
〒150-8482
東京都渋谷区恵比寿4-4-9えびす大黒ビル
電話　03-5449-2711（代表）
03-5449-2716（編集部）

装丁　橘田浩志（アティック）
帯デザイン　小口翔平+山之口正和（tobufune）
構成　菅野徹
イラスト　鈴木勝久（シュガー）
校正　玄冬書林
編集　小島一平（ワニブックス）

印刷所　凸版印刷株式会社
DTP　有限会社　Sun Creative
製本所　ナショナル製本

ISBN 978-4-8470-6614-6
ワニブックスHP　http://www.wani.co.jp/
WANI BOOKOUT　http://www.wanibookout.com/